思维的此岸
当代哲学热点问题对谈录

臧峰宇 ◎ 主编

SIWEI DE CIAN
DANGDAI ZHEXUE REDIAN WENTI DUITANLU

河北出版传媒集团
河北人民出版社
石家庄

图书在版编目（CIP）数据

思维的此岸：当代哲学热点问题对谈录 / 臧峰宇主编. -- 石家庄：河北人民出版社，2023.8
ISBN 978-7-202-16426-6

Ⅰ.①思… Ⅱ.①臧… Ⅲ.①哲学－研究 Ⅳ.①B

中国国家版本馆CIP数据核字(2023)第155014号

书　　名	思维的此岸：当代哲学热点问题对谈录
主　　编	臧峰宇
策划编辑	丁　伟　王斌贤
责任编辑	段　鲲　韩家欢
美术编辑	秦春霞
责任校对	余尚敏
出版发行	河北出版传媒集团　河北人民出版社 （石家庄市友谊北大街330号）
印　　刷	河北新华第一印刷有限责任公司
开　　本	787毫米×1092毫米　1/16
印　　张	16.25
字　　数	213 000
版　　次	2023年8月第1版　2023年8月第1次印刷
书　　号	ISBN 978-7-202-16426-6
定　　价	58.00元

版权所有　翻印必究

如有印装质量问题，请拨打电话0311-88641240联系调换。

编委会名单

主　编：臧峰宇
副主编：王　立　陈广思
编　委（按姓氏拼音为序）：
　　　　刘增光　田　洁　魏　博
　　　　原　理　张　霄　张雪松

目录

第一讲 马克思"不认为资本主义不正义"吗？ …………001

第二讲 什么是在当代社会打开古典学的正确方式？ ……027

第三讲 中国政治哲学的美育维度 …………049

第四讲 "身体"如何成为一个历史范畴？ …………081

第五讲 人为什么有"恶"？ …………107

第六讲 互联网时代的工作与生活之反思 …………125

第七讲 正义与优绩的是非之争 …………147

第八讲 企业伦理与企业社会责任 …………159

第九讲 家国关系的近代转型 ………………… 175

第十讲 从共同体到联合体的嬗变 ……………… 191

第十一讲 实践哲学中的劳动与实践 ……………… 225

后记 ……………………………………………… 249

第一讲

马克思『不认为资本主义不正义』吗?

主讲人:臧峰宇(中国人民大学哲学院教授)

对谈人:王　立(中国人民大学哲学院教授)

臧峰宇

今天，我和王立老师与大家分享关于马克思正义论的思考。题目叫作"马克思'不认为资本主义不正义'吗"，这是一个被学界争论了半个多世纪的学术问题。

我们都知道罗尔斯在1971年出版了《正义论》。第二年春天，一位德国古典哲学研究专家艾伦·伍德在《哲学与公共事务》第3期发表了一篇名为《马克思对正义的批判》的论文。在这篇论文中，他提出了一个非常著名的观点，就是"马克思不认为资本主义不正义"。

这个命题的提出可以说与罗尔斯的《正义论》引起的英美政治哲学的复兴处于同一时期，一经提出就成为马克思是不是有正义论以及如何理解马克思正义论的一个非常坚固的、具有代表性的观点，并引发了广泛的学术争鸣。半个多世纪以来，有很多文章对这个问题进行越来越深入的讨论。

在我看来，其中有两个角度是非常明晰的——第一个是从道德哲学的角度重新理解马克思的正义论；第二个是从历史唯物主义的角度对马克思的正义论作进一步解析。由此产生的不同观点的争鸣，我称之为"正义论视域中的马克思问题"。

为什么要称作"正义论视域中的马克思问题"呢？因为"马克思问题"有很多种面向，最典型的一个面向就是法国哲学家阿尔都塞依据马克思早期的文本，把1845年作为一个时间节点，将写作《德意志意识形态》之前的马克思和1845年之后的马克思进行了"断裂"。阿尔都塞认为有"两个马克思"，因为在写作《德意志意识形态》之后，马克思的思想发生了变化，所以出现了所谓的"青年马克思"和"老年马克思"，或者说"早期马克思"和"晚期马克思"的区分。这种区分当然是有意义的，它主要体现了马克思在思想发展的不同阶段的转变。我认为这种转变是自然而然的。因为一个人在年轻的时候和后来的发展过程中，他的思想总会发生一些变化。

但是，当我们聚焦于"正义论视域中的马克思问题"时，却发现这个问题与马克思年龄的增长关系不大，因为它主要体现为面对相同的马克思的文献，学界的解读是大异其趣的。所以我想从两个角度来引入关于这个问题的讨论，之后王立老师会进一步讨论这个问题。

第一个方面，我想谈的是"正义论视域中的马克思问题"的所指。我们不得不承认，伍德对马克思正义论的理解是敏锐的，因为正是他在《资本论》第三卷中找到了一段有关正义论的表述。这段表述此前并未得到研究者的重视，而伍德将这段文本呈现出来，并作出深刻的解读，使之变得格外重要。这段文本就是马克思在《资本论》第三卷里对于一个叫吉尔巴特的银行家的观点的讨论[1]。

对于吉尔巴特所讨论的自然正义，马克思持有不同看法。在马克思看来，没有一种所谓自然的正义，正义是在历史条件下确

---

[1] 参见马克思《资本论》第三卷："在这里，同吉尔巴特一起说什么天然正义，这是毫无意义的。生产当事人之间进行的交易的正义性在于：这种交易是从生产关系中作为自然结果产生出来的。这种经济交易作为当事人的意志行为，作为他们的共同意志的表示，作为可以由国家强加给立约双方的契约，表现在法律形式上，这些法律形式作为单纯的形式，是不能决定这个内容本身的。这些形式只是表示这个内容。这个内容，只要与生产方式相适应、相一致，就是正义的；只要与生产方式相矛盾，就是非正义的。在资本主义生产方式的基础上，奴隶制是非正义的；在商品质量上弄虚作假也是非正义的。"《马克思恩格斯文集》第7卷，人民出版社2009年版，第379页。

立的。举个例子，今天下午有位多年好友来找我，我想晚上与他聚会，却没有带钱。恰巧我在学校遇到了王立老师，王老师有钱并借给了我。后来某一天我和王老师见面了，我把钱还给王老师，还钱的时候是不是一定要付利息呢？在吉尔巴特看来是一定要付利息的，因为这是自然而然的，符合自然正义；我不付给王老师利息或者王老师不要利息，都是不正义的行为。但在马克思看来，付不付利息这件事情是我们两个人在一个特定的历史条件下商定的，而不是必然就要这样。

马克思要反对自然正义，于是有了这样一段话。这段话讲的主要是交易的正义性，它前面的部分说的是交易双方的关系表现在法律形式上，这段话中最重要的部分说的是形式如果离开了内容就失去了意义。而交易只要与生产方式相适应、相一致，就是正义的，如果与生产方式相矛盾，就是非正义的。

伍德依据这段话得出了一个结论：正义一定要与生产方式相适应，正义与否在这里体现的是一种法律的形式或者说是一种法律的权利。

马克思在这个地方还特别作了补充说明。他设定了两种情境，第一种情境是指从资本主义生产方式的角度看，奴隶制是不正义的，因为它与资本主义社会的生产方式不一致。那么在奴隶社会中，奴隶制是正义的还是不正义的呢？按照这样的设定，在奴隶社会中，奴隶制就是正义的，而在资本主义社会，奴隶制是不正义的。

第二种情境是指在商品质量上弄虚作假是不正义的。在资本主义的现代文明中，制造商品弄虚作假显然是不能为人们所接受的。马克思对这一点进行了分析。

根据这段话，对于什么是马克思所谈的正义，伍德得出了一个结论：正义一定要与生产方式相适应。伍德认为，我们不能将这段表述看作是对马克思正义理论的清楚论述。这段话并非对"正义"加以定义，马克思只是告诉我们在什么样的情境中，某个事情是正义的或不正义的。

根据这样的判断，伍德认为，当马克思讨论交易的正义性的时候，有四点是需要考虑的。伍德在《哲学与公共事务》上发表了相关文章进行了阐述。第一点，法权意义上的正义概念常常被马克思作为生产过程的一种依附性因素；第二点，正义是每种生产方式衡量自身的标准，而不是人类理性抽象地衡量人类的行为、制度或其他社会事实的标准；第三点，马克思与黑格尔一样，是反对形式正义的，认为正义只有与具体的生产方式相适应，才是有意义的，才是合理有效的；第四点，交易或制度的正义性不依赖于其结果和效果，而体现为它在整个生产方式中所起的作用。

伍德根据马克思的那段话所作的解读是发人深思的。因为在这个意义上，伍德提出了一个很重要的观点：当我们理解马克思对于资本主义社会的评价的时候，"我们本能地意识到，他所描述的是一个不正义的社会制度"[1]。大家注意这里的两个概念，一个是"本能地意识到"，一个是"描述"。马克思并非作出规定，而是描述了一种情形。在我们理解这种情形时，比如"资本来到世间，从头到脚，每个毛孔都滴着血和肮脏的东西"[2]，我们就会"本能地意识到"他所谈的是一个不正义的制度。

根据这种论述，当我们深入阅读马克思关于正义的表述时，

---

[1] Allen W. Wood, "The Marxian Critique of Justice", *Philosophy and Public Affairs*, Vol.1, No.3, 1972. 244.
[2] 马克思：《资本论》第一卷，《马克思恩格斯全集》第 23 卷，人民出版社 1972 年版，第 260 页。

我们就会发现马克思并没有用正义概念否定资本主义本身，因为他要消解的不是道德命题。在刚才我们读的那段话中，马克思所谈的正义并非一个关于美德的规定。在 1844 年写作《巴黎手稿》时，马克思所读到的苏格兰启蒙思想家对于正义的讨论，主要都将正义界定为美德范畴。但马克思在《资本论》第三卷里讨论的正义是一个明确的法权观念。这是伍德的一个观点。

理解"伍德命题"并不困难。伍德道出了一个客观情形，即马克思用这段话表达正义时，他在讲什么。孤证不证，后来的解读者又找到了一些根据。比如以下两处，第一处是马克思在《资本论》中的一段话："劳动力使用一天所创造的价值比劳动力自身一天的价值大一倍。"❶ 这句话指的是工人每天创造的价值中有一部分为资本家所占有。马克思指出："这种情况对买者是一种特别的幸运，对卖者也绝不是不公平。"❷ 谁是买者，谁是卖者？当马克思讨论公平与不公平时，他指的又是什么范畴呢？

在这里，马克思更多指的是一种合法性范畴，即资本家购买劳动力，与劳动者签订契约是合法的，因此不存在不公平的问题。资本家通过签订契约而得到了"特别的幸运"。当代政治哲学家讨论运气均等主义时，也曾讨论马克思这段话，因为这里讨论了运气问题。这是第一处能够作出补充说明的。

第二处是马克思对于拉萨尔关于分配公平论述的批判。马克思反对拉萨尔对于分配公平的论述。他说："什么是'公平的'分配呢？难道资产者不是断定今天的分配是'公平的'吗？难道它

---

❶ 马克思:《资本论》第一卷,《马克思恩格斯全集》第 23 卷，人民出版社 1972 年版，第 219 页。
❷ 马克思:《资本论》第一卷,《马克思恩格斯全集》第 23 卷，人民出版社 1972 年版，第 219 页。

事实上不是在现今的生产方式基础上唯一'公平的'分配吗？难道经济关系是由法权概念来调节，而不是相反地由经济关系产生出法权关系吗？"❶法权关系本身属于上层建筑，它是由经济关系决定的。有什么样的生产方式，就会有什么样的法权观念，也就会有什么样的正义。这是马克思讨论问题的出发点。通过这样的比较，我们可以很自然地理解，如果生产是不正义的，那么我们单向度地讨论分配正义的问题于问题的解决毫无助益。在马克思看来，当生产的时候就已处于不公平的起点上，并且整个生产过程都处于不公平的状态中，最终讨论分配是不是公平是无法解决问题的。

以上两处进一步佐证了《资本论》第三卷的那段话。"伍德命题"让我们清晰地看到，马克思虽然以很多方式否定了资本主义，但他并没有以正义这个概念去否定资本主义本身。人们想在马克思的文本中找到一些能表明马克思确实对资本主义作出正义批判的根据。

这样的根据有两处，一处是在马克思给国际工人协会写的成立宣言中。之后马克思在给恩格斯写的信中表明，这样做是有所考虑的，而且也作了限定，以免产生误导。从中可以看出，"伍德命题"所明确的等价交换原则的正义性。资本家用支付工资的方式购买工人的劳动力，这种方式并没有从正义角度加以否定的必要。

另一处是"权利永远不能超出社会的经济结构以及由经济结构所制约的社会的文化发展"❷。因为权利不能改变经济结构，而经

---

❶ 马克思：《哥达纲领批判》，《马克思恩格斯全集》第 19 卷，人民出版社 1963 年版，第 18—19 页。

❷ 马克思：《哥达纲领批判》，《马克思恩格斯全集》第 19 卷，人民出版社 1963 年版，第 22 页。

济结构却能改变权利。正义是一种权利，在这个意义上，马克思反对被限制在资产阶级框架里的这种权利，也反对用一种道德说教的方式来解决现实问题。

这是我想与大家探讨的第一个问题。如果我们从文本角度还原马克思的看法，很难直接找出马克思认为资本主义可以从正义角度加以谴责的论据。如果在法权正义的意义上来理解这一判断，马克思认为这是符合资本主义生产方式的，是合法的，因而它在某种意义上是正义的。可是，如果我们把这个问题想得再具体、再深入一些，就会发现"伍德命题"的问题所在。于是，我要和大家谈第二个问题，即"事实—价值"的辩证法。

在事实和价值的二分法中，事实归事实，价值归价值，是一种理想模型。但在实际的社会关系框架中，在考虑现实的社会问题时，我们发现事实和价值很难分开，我们在作出事实判断时经常会遭到价值的左右。因此不得不承认，事实和价值之间存在辩证关系，我们要从辩证法的角度来理解这种关系。以这样的方式理解问题，我们就会发现"伍德命题"的限度。

我们读过马克思的一些话，比如刚刚说的"资本来到世间，从头到脚，每个毛孔都滴着血和肮脏的东西"；比如马克思在《1857—1858年经济学手稿》里所说的"资本家是窃取了工人为社会创造的自由时间"[1]；在《资本论》第一卷中所说的，"资本是死劳动，它像吸血鬼一样，只有吮吸活劳动才有生命，吮吸的活劳动越多，它的生命就越旺盛"[2]。从中我们可以看出马克思对资本

---

[1] 马克思:《1857—1858年经济学手稿》,《马克思恩格斯全集》第46卷（下），人民出版社1972年版，第139页。
[2] 马克思:《资本论》第一卷,《马克思恩格斯全集》第23卷，人民出版社1972年版，第260页。

的批判是非常明显的。而且一旦读到这样的话,我们会油然生发出伍德所说的"本能的意识"。我们为什么会有这种"本能的意识"呢?因为正是这样的话语,让我们非常直观地感受到马克思对于资本主义制度的明确谴责。

这种谴责中存在法权正义之外的另一种逻辑吗?我称之为诉诸实质正义的一种隐性逻辑。马克思有讨论这个问题的主线,从他的文本的一般表述中我们可以发现,马克思在讨论"正义"时基本上指的都是法权。

在创作一个思想文本,讨论一种现象或一个问题时,我们可能没有使用同一个概念,但指向的是同一件事。比如马克思在1844年读了苏格兰启蒙思想家的很多文本,他发现,苏格兰启蒙思想家,无论是休谟还是斯密,当他们讨论"盗窃"或"抢劫"时,这些表述指的都是一种非常不正义的行为。

我举一个比较形象的情境假设的例子。同学们将来工作后,经过一个月的辛勤努力,快到月底,在公司门口遇到单位负责人,他因为你工作尽心尽力,对你提出表扬,并告诉你月底时不要忘了到财务处领取一笔奖金。月底,你前往财务处领取奖金时,可能存在两种情况。第一种情况是财务人员跟你说并不知道有奖励的事,和企业负责人确认时,他忘记和你说过这件事情。在这种情况下,你失望吗?第二种情况是,到了财务处,你很顺利地取到了奖金。然后你离开公司,乘公交车回家。公交车上挤挤攘攘,你戴着耳机一路沉浸在动听的歌声中。下了公交车回到家,准备和家人分享你的喜悦时,突然发现奖金被偷走了,回去找也找不到了。这时你失望吗?大家说都很失望,那么哪一种更失望呢?是拿到奖金后丢失更失望,还是负责人许诺了却没有兑现更失望?

在现代性语境中，第二种情况下拿到奖金已成事实，钱已经属于你，却被他人以不义的方式使你失去——这种不义的方式就是盗窃。在18世纪的启蒙思想家看来，窃取、抢劫是不正义的行为。因此，当马克思用这样的话语谴责资本家剥削工人的行为时，他指的就是不正义，只是他没有用"不正义"这个说法。这就是我所说的隐性逻辑。这个隐性逻辑非常重要，我将从以下几点进行阐释。

第一点是当我们阅读这些段落时，我们会发现马克思所谈的"不正义"是通过抢劫、盗窃、窃取、篡夺、榨取、掠夺这样的行为体现出来的。这样的行为与资本主义社会的生产方式相适应，它从法律形式上讲是正义的。在这个意义上，我们只是说它符合资本主义社会的法权，而且与资本主义的道德似乎也不冲突。可是这种行为无疑是伤害了无产阶级的道德情感，当然与马克思的道德情感也是相悖的，所以被马克思认为是一种诡计和戏法。

如果我们从实质正义的层面来看，资本家窃取剩余价值的行为是有悖道德的。虽然它合乎资产阶级的法律和意识形态，但是这个社会在马克思看来是必然要消亡的，要为新的社会形态所取代，法权正义适应的是一个即将被取代的生产关系。在这个意义上讲，这个隐性逻辑并不是可有可无的，它表明颠覆旧制度的革命是正义的。

之后一位名叫胡萨米的哲学家在讨论这个问题时，引用了马克思在《1857—1858年经济学手稿》里的一段话："认识到产品是劳动能力自己的产品，并断定劳动同自己的实现条件的分离是不公平的、强制的，这是了不起的觉悟。"[1]如果工人尚未认识到这

---

[1] 马克思：《1857—1858年经济学手稿》，《马克思恩格斯全集》第46卷（上），人民出版社1972年版，第460页。

一点，那就还没有觉悟，可是很多工人觉悟了——这种觉悟非常重要。

这段话实际上揭示了马克思对工人被迫出卖劳动力的社会现实持有一种道德批判的立场。在他看来，这在道德上是应该受到谴责的。当我们这样理解这个问题时就会发现，我们阅读马克思的这些话，本能地意识到资本主义是不正义的，这并不是一个本能的错觉，而是反映了我们对于马克思革命理论的隐性逻辑的实质理解。我认为这个理解不是可有可无的。这是第一点。

第二点，我们要考虑到一种情况，马克思在晚年以为资本主义社会即将被取代。所以他有一句很著名的话："资本主义私有制的丧钟就要响了。"❶

正因为新社会即将到来，旧社会的这些情形不必用更多的笔墨进行论述，所以虽然我们知道，这是一个漫长的历史过程，这个历史过程中有很多需要从正义角度加以分析和研究的情形，但马克思并没有就此作太多阐释。这就需要我们沿着马克思的思路，进一步丰富和发展正义论。这就涉及像 G·A·科恩这位哲学家对于马克思正义论的一些论证，比如科恩认为社会主义是可欲的，进而明确了一种平等的、共享的正义原则。以这种方式明确正义原则，不是对马克思的正义观念作出过度道德化的解释，而是尽力对马克思所描述的正义观念作出规范的表达。

科恩之后的许多马克思主义哲学家分析此问题时，主要从一种规范的意义上来讨论，这种分析体现了一种政治哲学的转向。从规范性角度理解马克思正义论的有关问题，会提纯并重构出马克思文本中一些重要论述，这是后来很多思想家经常采用的阐释

---

❶ 马克思：《资本论》第一卷，《马克思恩格斯全集》第23卷，人民出版社1972年版，第831—832页。

方式，可以借此对马克思的正义论作出多种新的解读。这是我想谈的第二点。

以这种方式考虑这个问题，就将引入"事实—价值"的辩证法。这种思维方法并非可有可无。我们从法权正义的角度理解是一种事实判断，而我们从道德谴责的角度审视偷盗、抢劫这样的不义行为，显然是一种价值判断。

以这样的角度理解马克思的思想，我认为是合宜的。因为马克思善于运用辩证法。从这个角度反观半个多世纪以来围绕马克思正义论展开的争鸣，我们就会发现，一种观点是从历史主义出发，即我们必须从《资本论》第三卷的那段话出发直接理解马克思的正义论，另一种观点，比如说科恩，是从一种道德正义的角度对马克思的正义论进行了规范性的演绎。从这两种视角出发的争鸣一直在继续，双方各执一词，难以说服彼此。

在马克思辩证法的意义上理解这个问题，就会发现，马克思在一个生产方式内部讨论正义，正义必须符合生产方式。这种生产方式在革命的环境中会发生辩证的转化，而正义在发生辩证转化的过程中不是可有可无的。当一个新的生产方式确立时，正义就会立即适应新的生产方式。这是我们理解马克思正义论一个重要的向度，即我们需要作出事实—价值的分析。由此我们发现，马克思的正义论不仅体现为一种符合历史科学的观念体系，而且也体现为一系列的道德主张。其中道德反思和道德评价就体现了这种事实判断和价值判断的辩证统一，也反映了辩证的形式在社会正义研究中的现实发展。

关于马克思讨论正义与否的评价首先要遵循的就是历史科学的规律。我们要从几个层次理解马克思的正义论。我们不应该因他有道德谴责的指向，而回避他关于法权正义的说明。这恰恰体现了马克思理解正义问题的复杂性，他是在一种制度的环境中否定资本主义的。

如果认真阅读马克思的文本就会发现，马克思很少谴责某个资本家，因为他否定的是作为制度的资本主义。由此我们能够重整事实和价值之间的辩证关系。这种正义研究因其揭示了一种应有的实践逻辑而具有重要意义。

马克思不认为资本主义不正义吗？在某种意义上是有道理的，因为马克思确实很少用这种词语来讨论这个问题。但如果在一种实践逻辑的意义上重新理解"伍德命题"，我们就会发现这个命题坚硬的地方，同时也会发现这个命题有其在实际层面的显著限度。如果以一种实践的逻辑从辩证法出发重新理解马克思的正义论，就会发现这个问题复杂的逻辑结构，这是完整把握马克思正义论所需要的。

以上是我想与大家分享的，下面有请王立老师。

王 立

听完峰宇教授的讲座，我觉得今天这个对话非常有必要，峰宇教授提了很多关键性的问题。第一，是对马克思文本的理解，这是我们研究马克思正义思想的前提和基础。第二，是方法，通过事实和价值之间的辩证关系来理解马克思的正义理论。第三，我们可能在这一点上能够达成共识，就是我们都是在谈论制度正义的问题。对我们做西方政治哲学研究的人来说，对制度正义的论述最有力的一位哲学家就是罗尔斯。所以下面我想从制度正义出发，评析他们两人的观点、方法，以及对罗尔斯和马克思的解读所引发的一些问题。我主要是给大家抛出一些问题，一些开放性的问题，没有结论性的答案。

峰宇教授提的这个问题里面包含了这样一个理论背景，就是马克思到底有没有正义理论？这是一个学科为自己寻找合法性的艰深的理论问题。第一，在当代政治哲学的背景下，马克思到底有没有正义理论？这是做马克思正义理论首先要回答的问题。第二，我们可以回想一下，正义理论在今天为什么受到关注？实际是 20 世纪 70 年代以来，社会正义就成为人们关注的一个概念，关注社会、政治制度的思想家的思考必然就被置于正义理论的视域之中。马克思当然是这个理论谱系中的一个重要人物，是我们必须面对和研究的思想家。第三，罗尔斯和马克思是两种思想的重要代表，罗尔斯代表自由主义者，马克思代表的是自由主义的批判者。请大家注意，这是罗尔斯的用语。他不用社会主义的标签，我想这跟他的一些认知有关，我们后面会解释到。这两个人有一个共识就是都很重视制度，而他们对制度的看法，很大程度上影响了我们对制度正义的认知。这是我们讨论的大背景。

我的回应是想提供一些考虑和探析问题的基本思路。我的思路包括如下四个方面：第一，这样一个命题引发的理论效应是什么？第二，对资本主义是否正义这样一个理论命题的回应有哪些方式？第三，罗尔斯对制度正义的思考与马克思关于制度正义的思考在本质上的不同是什么？第四，罗尔斯对马克思的解读衍生的问题有哪些？这是我大概的思路。

第一个理论效应很好理解。伍德的命题是具有挑战性的，它不是一般意义上的命题，它涉及马克思正义理论最根本的问题：马克思到底有没有正义理论？这是一个方面。第二个方面是有和无的回答都是需要作出理论论证和说明的。无论说有还是说无，都是一个在理论论证上非常困难的问题。这里涉及对马克思文本的解读，刚才峰宇教授已经作了很多分析。还有，马克思思想背后的东西充分挖掘出来没有？在这个问题的回答上还呈现出一些不同的立场。这就是"伍德命题"的理论效应，它引发出这么多理论问题。这个理论效应最集中的体现就是像罗尔斯这种专门讨论社会正义的专家，在其理论生涯的中后期时也不得不参与其中，来回应有关马克思的问题，为此，罗尔斯专门写了三讲马克思的讲义。我对这个问题的回答，大体上是跟着他的思路进行的。这就是第一点，"伍德命题"的理论效应，它达到了这样一种程度，即研究正义理论的学者必须回答这个问题。

第二个问题就是对这个命题有哪些典型的回应方式。既然称之为"伍德命题"，那伍德的回应自然算是一种方式。这里我先声明一下，因为我对马克思主义哲学不是太熟悉，我所了解和熟悉的仅限于我自己的知识背景。如果在一些文本的理解、解读上有问题的话，那是我理解力的问题，跟理论立场没有关系。峰宇教授可以随时纠正我对文本的误读。回到"伍德命题"，我说这是回答的方式之一。伍德的回答方式总结起来就是我们传统的生产方式的解释，我把它称之为唯物史观的解释。这一点峰宇教授刚才讲了很多，我就不再重复了。

第二种我称之为平行论的回应方式。如果我的理解没错的话，这种回应方式最重要的代表就是段忠桥老师。事实判断和价值判断属于两个不同的领域，而在他看来事实判断和价值判断实际上分别回应唯物史观的问题（科学问题）和规范论的问题，对他来说这两者是处于不同层面的，互不影响、互不否认、同时有效，这是平行论。第三种回应方式，我想就是峰宇教授等做马克思主义研究的学者所代表的统一论，这里的统一指的就是把唯物史观和规范理论统一起来。至于怎么统一，里面还可以再有区分。第四种回应方式，我认为是罗尔斯的回应方式，也就是纯粹规范理论的回应方式。

就连罗尔斯也不得不考虑这个问题，因为"伍德命题"的影响太广泛了，很多人都参与到该问题的讨论中，刚才峰宇教授说有几百篇文献在讨论这个问题。据我所知，罗尔斯在20世纪70年代末就考虑了这方面的问题，但是真正形成文本是在1983年，这一年他做了一系列讲座，其中就包括了讨论马克思思想的三讲。罗尔斯的优点是对马克思的解释非常清晰。他分析了有关这个命题的两种不一样的做法，一个是伍德的分析，另一个是规范论的分析，而罗尔斯采取的是后一种。个人感觉，如果你接受他的命题，似乎会违背直觉判断，它与我们的直觉感受是相互冲突的，而且跟马克思的有些论述也是相抵牾的。罗尔斯的意思是：马克思在这个问题上有很多论述，伍德不能只采取对你有利的论述，不采取对你不利的论述。对马克思来说，最根本的是要否定资本主义制度。如何否定它呢？有两种方式：一种是唯物史观、历史发展的方式，它是一个自然的科学命题；另一种是规范理论所指出的，资本主义制度是剥削人和压迫人的制度，这就不是单纯的生产方式更新、发展的事实问题，而是规范性问题。

在这样的理解当中，马克思虽然没有说正义是什么，也没有说正义理论是什么样的，但是马克思在使用剥削、盗窃这些概念的时候，他一定有关于正义、正当的一个背后的预设。如果没有这样的预设，这些概念的使用就是不可理解的。但是，在这个解读当中还有一个问题，就是他参考和预设的那个正义、正当概念是什么。我认为德国哲学家科恩可能在这方面把马克思的预设讲了出来。科恩认为，从规范理论来讲，马克思有两个预设，一个是所有的自由至上主义者共同支持的自我所有权。正因为有自我所有权，所以你剥削我就不正义，因为你把属于我的东西拿走了。另外一个预设就是社会资源或者自然资源的共同所有，这也是马克思的规范理论当中该有的。我认为这可能就是科恩比较厉害的地方，他尽可能地从规范理论的角度把马克思可能想说但没说出来的说清楚了。

我自己比较认可罗尔斯这种规范论的解读方式。第一，它可以把马克思的正义思想解释为一个内在一致的理论，避免了因为依据不同的文本就有不同的解释。罗尔斯认为，对马克思而言这是不可接受的。我们要把马克思看作一个哲学家和理论家，就一定要追求解读的自相融洽，就是说在解读的时候要让我们的解释能够融贯起来。

第二，它能够解释马克思认为资本主义不正义的根本原因，因为这种解释把马克思的理论自然而然地引到了规范性的范畴内。在规范性的范畴内，对正义或不正义的解释是很自然的理论效应。进一步说，我们今天来讨论马克思的规范性理论，并不是说我们用已有的规范性理论作为参照来进行解读，而是马克思的理论自身就包含有这些规范性的因素，我们只是在当代政治哲学这种规范性理论的语境之下，把这些东西给挖掘出来了。像今天这样的马克思和当代政治哲学的对话之所以可能，正是因为这两者都具有规范性的面向。

第三，同马克思和罗尔斯共同的关注点有关，这种解释可以让他们共同关注的议题即制度正义凸显出来。罗尔斯说得很清楚，他自己的理论关注的焦点是制度正义。马克思对资本主义的批判实质上也是对资本主义作为制度的批判。他们两人关心的都是制度正义。但是他们心里所想的是不是两种不一样的制度正义呢？

我觉得这可能是两人不一致的地方。

这里我们就过渡到了第三个问题：马克思和罗尔斯关于制度正义的思考在本质上的不同是什么。第一，判断制度是否正义的标准是什么？罗尔斯的标准很清楚，对他来说，制度正义的标准就是正义原则，正义原则就是判断社会制度正义与否的标准。制度的正义与否不在于生产方式，而在于制度是否遵循正义原则。在罗尔斯的心目中，只要社会制度按照两个正义原则来安排，这样的制度就是正义的。马克思的想法相对复杂。马克思关于制度正义的标准，一方面存在唯物史观关于生产方式、制度变革的思想表述；另一方面还存在关于规范制度的理想层面的思想表述。在这点上，两人的核心和重点是不一样的，虽然讨论的都是制度正义，马克思谈论的制度的核心是私有制。

第二，标准的不同就引出了一个关键的问题，它可能会对我们思考所有制和制度正义的关系产生很大的影响。对罗尔斯来说，生产资料所有制并不是正义的关键问题，关键问题是两个正义原则。只要社会制度按照两个正义原则运行，生产方式是私有制还是公有制对罗尔斯来说都不足为虑。罗尔斯为什么这样考虑呢？主要是因为他考虑的正义是如何划分利益和负担的问题。在这种正义概念中，马克思所说的生产方式与正义无关，它跟分配没有关系，罗尔斯所讲的正义就是分配的正义。但是马克思的想法不一样。对马克思来说，生产决定了分配，怎么可能把这两者隔离开呢？这是两人在考虑制度正义时一个很大的区别。

第三，我们来分析为什么会有这样的区别。罗尔斯为什么不从生产出发考虑正义？马克思之所以一定要考虑所有制，是因为在生产资料为部分人掌握，特别是为资本家们掌握的情况下，资本家就能够利用这种优势剥削工人的剩余价值。实际上问题在于剩余价值的分配，如果剩余价值可以公平划分，那就不需要从生产出发解决问题，它就是一个分配的问题。这么看来，生产不是判断正义与否的核心，而分配才是。正因为他们两个理解制度的方式不一样，所以对他们而言，实现制度正义的方式也不一样。罗尔斯首先考虑的是大家一致同意的公平的正义原则，然后是在正义原则的引导下建立基本宪法和法律制度、经济制度，这样就可以实现正义。对马克思来说不是这样，因为对他来说没有折中的路径，只有通过无产阶级革命才能实现正义。

第四个问题，罗尔斯对马克思的解读衍生出的问题有哪些？

一是生产资料所有制的问题。我们知道，罗尔斯在讨论生产资料的所有权的时候，进行了一个基本权利和非基本权利的划分。对罗尔斯来说，人作为一个道德人，他确实有一些不可侵犯的基本权利。这些基本权利就包括了政治自由、思想自由等，其中也包括了对我们来说非常重要的财产权。但是，罗尔斯对财产权是划分了不同层面的，作为基本权利的财产权，指的是我们用以维持生活资料的所有权，而不是生产资料的所有权。生活资料的财产权是基本权利，而生产资料的财产权不是基本权利。

二是与所有制问题密切相关。生产资料所有权不是我们的基本权利，而且罗尔斯在《正义论》里表达过这样一个观点，即只要社会制度按照正义原则运行，社会主义和资本主义都能实现正义。这就给我们留下一个问题：既然生产资料所有制不重要，那么，罗尔斯会不会承认一种生产资料是大家所共同掌握的制度呢？也就是说，在这方面罗尔斯会不会和马克思走向趋同，即承认生产资料公有制？这个理论追问的答案是什么？这是一个非常有趣的问题。对资本主义是否正义这样一个问题来说，罗尔斯认为这不在于生产方式如何，而在于社会运行所遵循的正义原则。在这个意义上，我们在前面第三个问题中已经讨论过了，资本主义能实现社会正义，社会主义也能实现社会正义，主要是看社会的正义原则，而马克思看重的是生产资料的所有制，我想这是罗尔斯与马克思在制度正义问题上的根本差异。

三是马克思预设的正义理念到底是什么？我刚才说科恩的解读是自我所有权和共同所有权这两个预设，这个解释跟马克思的文本是一致的吗？实际上，在《哥达纲领批判》里，马克思提出了一个理想社会的正义原则，即按照需要分配的正义原则，这当然是一个理想社会的分配原则。但是罗尔斯解释说，这不是马克思的正义观念，也不是他的正义原则，这是一个很有趣的解释。那为什么不是呢？这就同对社会正义的思考方式有关。罗尔斯的思考方式是正义原则，他要考虑"应然"；而马克思所说的按照需要分配的原则不是一个"应然"原则，因为它前面有一系列的条件，例如生产力极大发展、财富充足、异化劳动消失等，只有满足了这些条件，才能够实现这种分配原则，这与"应然"的考虑完全不一样。在这种意义上，马克思确实预设了正义，但又绝对不是"需要"这种正义观，那么马克思所预设的到底是什么呢？

臧峰宇

王立老师从罗尔斯的解读出发对马克思的正义论作了一个清晰的解析。罗尔斯在《政治哲学史讲义》中，对卢梭、休谟、西季威克以及很多哲学家的政治哲学主张都作了分析，有的讲了两讲，有的讲了三讲。对马克思的分析，他讲了三讲。第一讲从制度角度讨论马克思对资本主义的批判。而且罗尔斯非常清晰地指出他和马克思的差别，他对马克思文本的研读在我看来是比较深入的。我们要注意到罗尔斯在学术研究中这种认真的态度，为了给大家讲清楚马克思的政治哲学，他读了很多马克思的文本然后再作分析，下的功夫是比较大的。

刚才王老师谈到罗尔斯在对马克思的分析中所揭示的一系列问题，包括他们都很关注制度环境，包括他们的区别。当然，罗尔斯对马克思的一些评价，也许马克思未必会认同。如果说我们再次聚焦这个问题，对马克思正义论的研究，从1972年到现在已经半个世纪。半个世纪以来人们关于这个问题的讨论依然没有结束，还在不断地争鸣。包括前两年，刚才王立老师也谈到了段忠桥老师和伍德教授在《中国社会科学》上就这个问题进行了商榷。我认为，一个学术问题讨论半个世纪没有结论，是很值得关注的，我把这个问题叫作"正义论视域中的马克思问题"。我们既可以从唯物史观角度理解马克思的正义论，把它理解为一种符合经济基础的观念结构，也可以从规范性的角度讨论这个问题，使之进入现代政治哲学语境。

如果我们用马克思的思路分析和解决一些非常复杂而深刻的现实问题，能否进行一种实践逻辑层面的重构？这应该是我们讨论这个问题的出发点。也就是说，如果我们有这样一种问题意识的话，就会发现规律性的和规范性的两种研究。刚才王立老师谈到，这两者可以是平行的。比如有的学者就认为马克思有很多理论，有历史唯物主义，有人道主义理论，也有正义论，这些理论之间是平行的。但是如果我们认为历史唯物主义是马克思最根本的理论，那么就会涉及一个对马克思理论的总体性理解的问题。在总体性的意义上，我们能不能在历史唯物主义的前提下作道德有效性分析？也就是说，基础理论是历史唯物主义。在这个前提下，我们能不能作一种道德有效性的分析呢？这就会引入规范性的研究，对已有的事实进行分析和建构，我想这一点在某种意义上是有操作性的，我们要考虑能不能推动一种有原则高度的道德实践。

我想引入另一位政治哲学家布坎南。布坎南认为，马克思的思想对传统以及当代政治哲学的两个信条提出了最为系统也最难应对的挑战。第一个信条大家都听说过，是罗尔斯的一句话，"正义是社会制度的首要美德"。正义是不是社会制度的首要美德？在罗尔斯看来是的。但如果说从其他角度来理解，当我们讨论社会制度的时候，其首要美德是什么？第二个信条就是，对作为权利持有者的个人的尊重是个人的首要美德。现代政治哲学以后，很多人持有这种看法，而马克思明显是批评这种看法的。如果我们有很多选项的话，权利在我们的选择结构中与别的东西相比较，比如跟财产、生命相比较的话，到底哪个更重要？我们知道，权利首先要以生命为前提，还要以财产作为支撑，在这个意义上讨论权利的话，作为权利的正义就要依托于一个制度环境，在一个现实的结构中才能进行讨论。所以布坎南说，只有理解了马克思关于冲突的根源的观点，也就是休谟和其他人所讲的正义环境，马克思对于法权的批判的激进品格才能被充分理解。这其实是我们理解马克思的正义论时一个很难的地方。一方面，这跟马克思理论的特质有关，他对很多问题并没有像罗尔斯那样作出非常清晰的说明，而是在很多文本中都有所论述，我们要把这些文本中的思想整合起来。比如罗尔斯就做了这样的工作，当然，还会有别的分析框架。另一方面，我们怎么运用马克思极具综合性的正义理论理解今天社会生活中的实际问题？当我们面对不论是分配领域的正义问题，还是其他领域，比如教育、医疗等领域的现实的正义问题时，我们是从纯粹规范性的视角出发，还是从一种基于实际的视角出发进行讨论呢？就理解马克思而言，我想后一种视角是很重要的。这就是我想跟大家分享的问题背景：有一个"正义论视域中的马克思问题"，已经争论了半个世纪了；如果讨论者各执一词，缺乏"事实—价值"的辩证法，这个问题就会一直争论下去。我们要考虑的是，在现实的环境中，如果要使这个问题具有直接现实性，那么能否在历史唯物主义的前提下做一种道德有效性的研究？我想这可以是一种理论策略，我们确实要考虑正义理论的可行性及其实现方式。

最后我还是想回到这个问题，就是马克思"不认为资本主义不正义"吗？大家知道，这个引号里面的话是伍德的观点，我想把这个问题再提给王立老师：如果从罗尔斯的角度讨论这个问题，答案是什么？也就是说，在罗尔斯看来，马克思是不是认为"资本主义不正义"？

王 立

这是一个尖锐的问题。其实罗尔斯的想法是，判断社会是否正义的关键不在于生产方式，关键在于社会制度能不能遵循罗尔斯所说的两个正义原则，尤其是第一个正义原则。如果这一点没问题，之后其他的法律、制度安排就可以实现正义。按照罗尔斯晚年对政体的讨论，他所说的自由至上主义、苏联式的社会主义、自由主义民主、福利主义等，他把前面这几个都排除了，剩下的就两个：财产所有的民主和自由主义的社会主义。

实际上，在他的理论里面，一方面，生产资料可以为每个人所掌握，每个人都有生产资料的所有权，不需要高度集中在一部分人手上，而且我想这是他内心真实的想法；另一方面，他也不反对大家对生产资料的共同所有。至于到底选哪种所有制，哪种所有制能够带来更高的效率，就选哪种所有制，他关心的是产出。利益的划分和分配是他真正在意的地方，而生产不是他刻意强调的地方。从这个角度来说，如果一种制度安排，比如说马克思所批判的资本主义制度安排，没有体现他的两个正义原则，那么这个制度就不正义。相反，如果一种制度安排能体现他的两个正义原则，那么这个制度就是正义的。这应该就是他的想法。对于罗尔斯来说，社会正义的实现跟所有制的性质没有关系，而是看制度的运作能不能符合两个正义原则。

臧峰宇

好的，今天与王老师的讨论有助于我进一步理解马克思正义论的关键问题。

（文稿整理人：唐鹏远、程瑶）

第二讲

什么是在当代社会打开古典学的正确方式？

主讲人：张雪松（中国人民大学哲学院 副教授）

对谈人：王俊淇（中国人民大学哲学院 副教授）

张雪松

我们今天要讲的题目是"当代社会打开古典学的方式"。今天参与对谈的是中国人民大学哲学院的王俊淇老师。我们今天主要讨论一下古典学的问题。

刚才给大家放了一首歌(《处处吻·中国古典文献学》,作词:张鸿鸣;演唱:乔安)。大家有兴趣,可以查查,里面有很多典故,这些都是有出处的,不过有些可能也不是那么容易找到的。之所以放这首歌,就是想给大家一个感性的认识。大家好像一听古典学,就以为是比较高大上的东西,例如版本目录、古代文献、经典文献。但这个学科是讨论这个问题的吗?不完全是。当然这些内容是它很重要的一部分。今天就以漫谈的形式给大家敞开来谈一谈,我对古典学,特别是中国古典学的理解。

30多年前,也就是20世纪90年代,我上大学的时候,有一句话很有名,叫"打通文史哲"。这是当时北京大学季羡林先生倡导的。我们中国传统学术,由于西方来的文史哲的学科划分,被割裂开来了。比如我们研究庄子,本来是融会贯通在一起的,但是哲学系只研究庄子的哲学思想;中文系只讲庄子的文学思想;历史系可能研究的只是庄子他生活的那个时代,就是以《庄子》为史料,来研究里面记述的历史事件或人物。这就把一个整体性的东西完全割裂开来研究。90年代时,大家认为这样的研究是非常有缺陷的,所以要"打通文史哲"。最早从北京大学开始,1994年开始建文史哲实验班;1995年中国人民大学也搞文史哲实验班。我当时就是读文史哲实验班的。在这个班里,中文系、历史系、哲学系轮流管头两年,第一届九五级由中文系管,九六级由历史系管,九七级由哲学系管,九八级又由中文系管。这么搞了两轮,然后就停了,基本上到了 21 世纪以后就都停了,似乎难以为继。那么,文史哲实验班为什么很难打通文史哲?

从学理上来谈,也有很多人对"打通文史哲"以来形成的"国学"有一些批评,认为它眉毛胡子一把抓,恰恰是违背了学科发展、学术发展的历史规律。学科发展、学术发展的一个趋向是细化、专业化。国学好像是"国将不国之学",就是说晚清的时候中华民族到了危亡时刻,大家提倡国学来振奋民族精神,把什么东西都放在里头,这不符合我们现在的学术规律,因为这是一个"万金油"的东西,好像什么都能干,什么都往里头装,把不好分的东西都算国学。这样的话,就涉及国学能不能成立的合法性问题,以及如何科学地定义国学的问题。这对于国学的发展是一个很重要的问题。

那么怎么给国学下定义呢?国学是很敏感的一个学科,在给它下定义方面似乎不能完全采取西方人的方式,我们应该看我国古代是怎么下定义的,这样才是国学的方式。自亚里士多德以来,西方人的下定义就是按亚里士多德的三段论或形式逻辑,以"种"加"属差"的方式进行。

在我国的传统里,人们不喜欢这种下定义的方式,特别是禅宗。禅宗认为"言语道断,心行处灭",就是说,一个东西本来是活泼泼的,一旦按照"种"加"属差"这种方式来给它下定义,就扼杀它发展的可能性了。我国传统的下定义方式就是"先用着"。比如阴阳,在中医里用阴阳,在地理上也用阴阳,山南水北,什么都讲阴阳。用了很多年,阅历丰富了以后,回味和体会一下,慢慢地就明白这个阴阳是什么概念了。中国人不会一上来就告诉你阴阳是什么。对于事物的定义，没有自己的体验，没有"自家体贴"是不行的。我们先用着，慢慢就体会出来了，这是中国人常见的下定义的方式。当然这种方式有它的本体论的基础，就是"道无常操"。给国学下定义也一样。如果一开始就给国学下好定义，就完全抹杀国学的丰富性了。例如认为国学就是研究儒家传统经典的学问，那么可能就把很多东西排除在外了，比如道教、中医等。这对国学是很大的损失。所以，我们不如先慢慢用着"国学"这个概念，先不下定义，使着使着好像就有体会了。

民国时期清华的国学四大导师：王国维、梁启超、陈寅恪、赵元任是大家比较公认的国学代表人物。其中陈寅恪先生讲过："不敢观三代两汉之书。"这其实是一个很重要的提示，我们原来觉得国学就应该研究三代两汉之书，主要研究尧舜禹、夏商周、两汉经学。但陈寅恪先生不是研究中国上古史的，而是研究中古的。当时认为研究中古是"预流"的，这是因为当时中西交通史、民族史是国际学术界的热门话题，中国中古史，特别是佛教传播等，都是这方面的话题，研究这些课题才能跟国际学术接轨。但这些内容恰恰是原来我国传统学术不太"感冒"的。就是说，突破中古研究不算国学的窠臼这个观念，陈寅恪遂成为一代国学大师。从这个角度看，近代中国人的国学观念有很大改变。民国民俗学兴起，年间有一场所谓"歌谣运动"，收集、研究各地的民间歌谣，主要依托的就是当时各高校中的国学院。"歌谣运动"被认为继承了《诗经》以来收集国风的传统。他们收集整理的歌谣都是非常"俗"的，是民俗学的重要研究材料，但与以传统经学为主的中国古代学术有很大的区别。赵元任是个语言学家，而且他研究语言学的方法是非常西方化的，就是要用类似逻辑公式的符号，研究语言的语法结构公式。因此，我们如果把国学仅仅理解为先秦两汉经学，显然不符合社会有关国学的共识。

现在，中国人民大学的国学院是怎么定义国学的？它试图把国学定义为中国古典学。那么古典学是什么东西呢？古典学是欧洲17世纪以来逐渐形成的一门学科。这门学科实际上是以欧洲或者西方社会的古典文献为主要研究对象的。那么什么是欧洲或者西方的古典文献？它的起止时间是什么呢？大概就是公元前后的600年，古代地中海、特别是古希腊、古罗马等古典文明时期的典籍。西方古典文明最重要的典籍主要是用希腊语和拉丁语书写的。所以，西方古典学主要是以古希腊、古罗马时期古典文献为主要研究对象，以文献学为基础，从语言学、文学、哲学、历史的角度，当然后来又有考古、艺术等角度，来研究他们当时认为的这个古典文明的古典学。近代欧洲，绅士或者有学问的人，都多多少少学一点儿西方古典学，大家比较熟悉的尼采、马克斯·韦伯等很多人都研究过古典学。

如果参照西方的古典学，中国的古典学肯定是研究中国的传统文明或者古典文明。那么，中国的古典文明应该从什么时候算？这也是个麻烦的事情。因为欧洲古典文明是从公元前600年到公元后600年，这是文艺复兴以后逐渐形成的一个观念，因为西罗马帝国灭亡了以后，一般认为就进入中世纪了，到了近代文艺复兴以后，人们的观念要重新回到古希腊、古罗马时期。中世纪当时被认为是一个黑暗的时期，用黑格尔的话说，我们要穿上"七里靴"，把中世纪迈过去。

西方古典文明这个概念的出现，显然与"现代"观念的形成有很大的关系。"modern"（现代）这个词在拉丁语当中原本就有，但在16世纪以前，这个"现代"跟我们现在的理解非常不一样。我们现在觉得时间是勇往直前的，科技是高速进步的。我们站在巨人的肩膀上，可以往前看得更远。但古代传统的时间观常常是循环论的，"我们站在巨人肩膀上"这句话，不是说我们会看得更远，而是说我们恰恰要看到时间的尽头了。

直到 16 世纪以后，才形成了现在的这个"现代"观念。到 17 世纪，我们刚才讲的古典学的学科开始逐渐形成了。古典学形成时，经过文艺复兴、宗教改革之后的各个民族国家都开始有了自己的语言文字，即印刷语言。这跟现代特别流行的"想象的共同体"这一学术流派有很大关系。康德早期用拉丁语写作，后来就用德文写作了，其他国家的人开始用自己本民族的语言来写作和出版印刷。拜占庭帝国的语言后来也变成了斯拉夫语言。大家都不再用拉丁语或者希腊语来写作。因此，印刷语言都变成各个民族国家语言。拜占庭被灭掉以后，拜占庭最后一个公主嫁给了俄国的沙皇，所以俄国沙皇认为自己是第三罗马，因为拜占庭是第二罗马。因此俄罗斯有一个很悠久的传统，认为它要继承整个古典文明。俄罗斯为什么要打克里米亚战争？这里说的是 19 世纪中叶的克里米亚战争。因为俄罗斯认为自己要承担一个很重要的任务，就是要占领拜占庭的首都，也就是伊斯坦布尔，将它作为新的帝国的首都，重振欧洲文明。所以俄国有很深的情结，沙皇和希腊语的东正教都跟语言有很大的关系。

那么，在中华文明方面，我们怎么来界定中国古典学的研究对象呢？因为中华文明基本上保持了自己的连续性，不像欧洲文明那样有一个很重要的断裂。到新文化运动的时候，白话文兴起才真正结束了中国数千年来使用"古文"作为书面语言、印刷语言的历史。

白话文的使用在这之前已经在很多地方有了，宋元以来就有用白话文写的话本、小说。但是白话文真正取得决定性胜利，是在新文化运动之后。因此中国古典学在一定意义上是研究用古文为书面语言创造的典籍。因此它的研究对象的历史很长，不仅是先秦两汉，而且整个封建社会的典籍都成为我们的研究对象。如果按照古典学的定义，古文什么时候才退出日常写作应用领域，成为"死语言"的呢？实际上还是到民国五四新文化运动的时候。

历史上我国不少民族都有自己的语言文字，其中也有很多是不再使用的，比如西夏语，现在也没有人使用了。但是有大量的经典是用它们来书写的，特别是党项族的佛教文献等，这在历史上曾经是非常辉煌的。那么这些典籍是不是应该成为中国古典学的主要研究对象，或者至少是重要的研究对象呢？其实西南少数民族也有古壮字等民族文字。汉满蒙回藏，这五个民族有自己的书面语言。大家去故宫看一块牌子，"乾清宫"有满文写的、有汉语写的、有蒙古文写的。其实除了这五种文字以外，我国西南地区也有很多世居的少数民族是有自己的语言、文字的。虽然有的可能完整性不足，但多多少少都是有的，甚至像毛南族的土俗字也是自成体系的。

我们举一个古壮字的例子，近代传教士进入中国各地以后，出于翻译《圣经》等目的，把我国西南少数民族的不少语言拉丁化了。现在，方块状的古壮字已经没有人使用了。但是古壮字在历史上留下了不少文献。古壮字主要是按照我国古代传统"六书"的方式来造字的。比如"鱼"这个字在壮语中是"巴"这个音，左边写个"鱼"字旁表意，右边写个"巴"表声，用的就是"六书"中形声的方式来造字。古壮字出现很早，现在看到的最早记录是公元683年的石碑。宋代范成大在西南为官时就认为"边远俗鄙"，当地老百姓打官司拿出的合同、地契都是专用土俗字。西夏文也是这么造字的，看着都像汉字，但实际上是以汉语为基础来造的民族文字。它们也留下了很多文献，这个应该很值得研究。

1949年之后，各少数民族都建立了统一的拼音文字，传统上方块状的民族文字淡出了历史舞台，成为"死文字"。如果按照西方古典学的观念来看，这些少数民族留下的大量文献都应该成为中国古典学的研究对象。我今天主要想讲的是，我们应该以一个开阔的胸怀来作国学。胡适原来列过一个国学入门书单，在民国年间造成了很大的争议，因为他除了列入刚才我们讲的大量的儒家典籍之外，也列了很多佛教经典，甚至还有《桃花扇》《三国演义》等。把这些东西算作国学，在当时有很大争议。我觉得胡适的眼界还是开阔的。

下面的时间交给王俊淇老师。王老师对梵文等都有很深的理解。

王俊淇

接下来，我和大家分享一些关于古典学的个人思考。古典学在狭义上，指的是以研习古希腊文和拉丁文为基础、对希腊罗马文明进行多学科全方位综合研究的一门学问。因为一方面，我自己的研究方向是6世纪之后的印度佛教文献与思想，所以我并不敢说自己是古典学研究者；另一方面，作为印度佛教领域的研究者，我肯定也不属于国学的圈子。因此，关于这个主题，我的身份有些尴尬，我今天只能讲一些我自己的粗浅看法。

我想与大家分享的是，古典研究所具有的矛盾状态——构建神话与解构神话。首先，我感觉到，不管是中国的古典学，还是所谓的欧洲的古典学，乃至对玛雅的研究，对楔形文字的研究，抑或是对印度的古典学的研究，它们都具有构建神话的一面。所有的这些研究既然叫作古典的研究，那么，它们都是以古典文献、古典思想为核心而展开的。这些研究非常容易和民族建构、民族情感、文化传统的建构联系在一起。

古典研究具有构建民族神话的一面，这并不是我们一时一地的独特现象。古典学一直以来都是如此，时常以这样的一种形式出现。我在这里举一个很有名的例子，它来自聂敏里教授《古典学的新生：政治的想象，抑或历史的批判？》一文。这篇论文提到古典学里非常有名的一个人，就是艺术史领域的研究者温克尔曼。他在进行艺术史研究时，抛弃了次要的非本质的东西，研究希腊的艺术、雕塑、绘画。他构想了关于古希腊古典艺术本质性的理想性的理念，提出了非常有名的一句话来概括古希腊的古典艺术，就是"高贵的单纯，静穆的伟大"。那是不是古代的希腊艺术都符合这样的理念呢？其实并不是。我们去收藏有古希腊艺术作品的博物馆参观，可以发现很多的反例。古希腊艺术非常丰富多彩，并不是只有温克尔曼所描述的那种单一形式的作品。然而，温克尔曼通过提出这种理想型理念，实际上构建了古希腊艺术的神话，并且进一步把自己文化的传统追溯到古希腊，认为自己的文明是古希腊这样伟大文明的继承者，还形成了一种种族主义的关于审美正确的观点。例如，在《论希腊人的艺术》的第一章"论希腊艺术的繁荣及其优于其他民族艺术的基础和原因"中，他比较了埃及人、伊特拉里亚人和其他民族的艺术。最后，他想要证明的是希腊的艺术是最高的、是完美的、是通向真理的。因此，古典学在他的研究之中，就成为他用来构建民族神话的一种工具。

古典学作为这样一种构建神话的工具，并不是十八九世纪独有的现象。即使是在今天，我们依然能够看到古典学具有创造神话的能力。例如，我们今天就可以看到，欧洲的古典学可以作为一种意识形态的力量，它是得意扬扬的帝国主义西方的一种文化优越性的标志。换句话说，古希腊人是如此的伟大、如此的理性，我们欧洲人是古希腊人的传承，我们发明了科学，你们这些人都是没有科学的。

这样的构建不仅发生在不同的文化之间，在同一种文化内部，男人和女人、不同的阶层之间也在利用古典学来构建神话。"古典知识是一种文化资本，是一种相对于下层阶级、女性（她们中的大多数人被认为没有欣赏古典的能力）和野蛮土著的优越性的标志。"❶ 例如，我们经常说欧洲古典学是"老白男"，或者是"死白男"，即古典学研究的都是死去的白人男性，像亚里士多德是死去的白人男性，柏拉图也是，希罗多德也是；另一方面，在过往，是男性知识阶层垄断了对古典学的研究与解释权。反过来说，古典学的知识是有教养的上层社会的男性所独享的特权。

类似的情况也发生在我们的文化中。在公共场合讲话时，如果我们不引几句《论语》《老子》等古典作品，就好像显得我们没有文化一样。这样的做法本身就是一种神话构建——通过古典的知识来构建出我们的等级差别，即"我"作为一个受过良好教育的人，应该平均每十句话引一句《论语》，或者平均每十句话引一句《庄子》，这样才能体现出"我"高尚的身份、优秀的学养和家庭背景。由此可见，古典知识哪怕在一种文化的内部，也被用于构建了阶级、性别差异的神话。

在这样一个学科分化的大背景下，任何形式的古典学也在发生分化与进步。今天的古典学是一门科学，是对古代文本等材料

---

❶ [英] 内维里·莫利著，曾毅译：《古典学为什么重要》，北京大学出版社2019年版，第33页。

进行严肃的、历史的、科学的研究。例如，与僧人们不同，我们在大学里研究佛教，既不是宣扬佛教多好，也不是宣扬如果谁不学这东西，谁就没有文化。我们的研究目的是以历史的、科学的方法解释佛教的发展与传播。

聂敏里教授有句话说得好。他说："古典学不是一个驰骋人的自由想象的蛮荒之地，更不是一个人兜售自己的形而上学偏见和道德私货的自由市场！在这里，唯有经过严格训练的学者秉承着对历史真理的执着，在大量的文献实物材料中穷年累月地爬梳，才可能产生出对研究对象的一点点真知灼见。"❶

现今，任何形式的古典学研究都有着严格的方法论。无论研究哪里的古典学，做玛雅的学问也好，研究楔形文字也好，研究梵文文献也好，研究中国经史子集也好，从事这些古典研究首先需要磨炼技能，掌握科学的方法。

我举一个例子。我的日常工作在方法论上仰仗于Paul-Mass的一本书《文本批判》。这本书一开始是德文的，1958年有了英文版。这本书首先指出，对于古希腊罗马的经典作家，我们无法获得作品的手稿。这就是说，我们现在得到的任何文本都是经过漫长的传播之后产生的。它们在传播的过程之中，会自然地积累很多的错误。这就需要文本批判，作出一个尽可能接近其手稿的文本。

接着，这本书说，在任何情况下，原文或是被传播，或是没有被传播，因此，我们的首要任务是确定必然或可能将之视为被传播的内容——制作校订本；我们的下一个任务是审查这一传播，发现它是否可以被视为提供了原文；如果它被证明没有提供原文，

---

❶ 聂敏里：《古典学的新生：政治的想象，抑或历史的批判？》，《世界哲学》2017年第1期。

我们必须尝试通过猜测重建原文，或至少分离出错乱的文本。

这两个观念看上去好像没什么了不起的，但实际上它背后隐藏了一种意识形态，那就是文本本身经历了一种进化论式的发展。这是一种科学性的观念。在古时，有很多人对于文本的传播性，对于文本错误的积累，缺乏意识。如果我们接受了 Paul Mass 教授的上述观念，把文本作为一个不断地积累错误，进而不断地繁衍下来的事物，那么，我们就会产生出对待文本的科学观念，最后可以得到关于文本演化的系统树。

很显然，这种"系统树"是受到了生物学的影响。在文本演化的过程中，就像生物的变异一样，文本本身会积累大量的错误，这个错误有可能存活下来，并且会不断地积累，就像我们的 DNA 发生变异一样，最终产生出今天可见的后代文本。那么，通过比较这些"DNA 的变异"，可以推测曾经至少存在过哪些可能的文本。例如，Paul Mass 教授提到的这个 x 就是 original，即最初的原本，但是从这个原本到现在看到的文本，我们已经没办法推测它中间传了几代，通过分析现有的文本，可以把所有的文献追溯到这个祖本 a 上，推测各个分支与内部节点的可能形态。

Paul Mass 教授的《文本批判》整本书完整地解释了在具体工作中怎么校订文本，怎么分析积累的错误，怎么画出系统树。这种对待文本的态度，不就是一种科学的态度吗？

社会中存在着各种各样的神话，例如，将我国古代的文化视为一个纯一性的整体，即不管南北东西，我国古代的文化是纯一的。我们的社会喜欢去构建这种神话，社会也期待有人去构建这种东西。但是，对古典的研究能做到这一点吗？这门学问能够去构建出神话吗？对此我持怀疑的态度。这是因为这门学科归根到底是一门科学，科学的目的是要解构这些神话，解构纯一性、解构必然性。胡适通过对早期禅宗文本的研究，解构了禅宗从菩提达摩传到慧能的谱系神话。古典学的这种解构能力是由其科学的身份注定的。

张雪松

王老师，我觉得神话未必是一个坏的东西，人类的发展离不开神话。现在对神话的理解发生了一个改变，原来我们是把它当作一个真的东西。但是现在的理解是，比如我把它理解成一个集体记忆，就是说，我们大家无论是读《论语》长大的，还是读《理想国》长大的，都会有一个集体的记忆。在很大意义上，它没有好坏之分。为什么它后来变得非常重要？就在于几千年来或者一千年、几百年来，它被人们反复地阅读，就变得非常重要了。柏拉图的《理想国》或者某个文献，未必真的很重要，但是它在几千年中不断地被人反复阅读、反复注解，不断往里面再加新的东西，就变得很重要了。我们读到它的感受，肯定跟古代人读到它的感受是完全不同的。

我也有过一段时间研究神学，印象很深刻的是有一位外国的老学者研究《圣经》，就是《圣经》的释经学。他抱怨说他一辈子搞研究，原来是学希腊语、希伯来语，然后搞《圣经》研究，但是现在要搞《圣经》诠释学就得读福柯，你不读福柯是没法发表《圣经》批判学文章的。然后他说，再过几十年，可能又出现哪个哲学家，我们又要读他。

其实佛教也是这样的，可能一开始我们觉得佛教的"空"是个虚无主义，后来康德来了以后，大家就在想，是不是应该用

"物自体"来解释一下"空"这个东西；后来维特根斯坦来了，大家又认为，对我不能说的，要保持沉默。不同的哲学思潮不断地在变化，影响着对经典文本的理解。另外，文本也不断地在变化，我觉得也不一定像刚才王老师提到的1958年那本书讲的，就是说文本不一定只有一个源头。现在《圣经》批判基本上认为《圣经》的形成是多源的，认为《圣经》是犹太人从波斯帝国离开的时候才形成的。《圣经》有很多个独立的源头，不是一个源头。如果这样的话，我们做文本批判的核心也不是要找到一个最好的版本，而是很大程度上在解释不同版本之间为什么有这么大的差异？就比如说《坛经》为什么有些版本多了好几万字？这个差异是什么？我们可能通过这个差异，发现很多东西。我们研究古典文献，除了有一个构建的过程，还有一个解构的过程，就是通过科学的方法，把很多东西都解构掉了。为什么我特别喜欢大国学这个概念？是因为我感觉它好像解构了很多东西，是多源头的，在一定意义上我们找不到这东西的源头，或者说一个统一的源头。

在历史研究中，很多人找不到事件的源头，就找它是怎么消亡的。这是《罗马帝国衰亡史》的思路。这种消亡过程也是一个集体记忆的消失过程。为什么我们对帝国的消亡非常哀伤，这到底意味着什么？很多东西有不同的玩法，可以解构很多东西。顾颉刚其实也研究古典学，但是他的疑古学派主要是解构。傅斯年是这方面的重要代表。后来费孝通晚年就讲多元一体，美美与共，各美其美，其实都是一样的。刚才王老师讲到了欧洲古典学，提到"老白男"这个概念。其实我们的很多知识体系已经不是纯科学的，它有很多诠释学的、人文学的东西在里面。

我想请教王老师一个问题：古典学以古典语言为基础，认为语法是古典学科学性的体现，但如果古典语言的语法是人为构建，那么我们怎么理解古典学的科学性？在对梵文、巴利文等语言的研究方面，清华大学赵元任先生、北京大学王力先生等人的研究方法像公式一样，以主谓宾、定状补的方法研究这些语言的语法，然后构建它们之间的逻辑关系。但北京师范大学的章黄学派有训诂的传统，这跟赵元任、王力的研究路径非常不一样。现在西方语言学好像都是研究语法的语言学。印度也是这样，季羡林是学习和构建梵文语法的。但巫百慧、金克木就很不一样，他们到印度去，像研究中国传统古籍一样，背诵了大量用梵文写的文章。其实中国人学习古文，不学语法，而是背《三字经》《百家姓》《千字文》，然后《古文观止》《唐诗三百首》，"熟读唐诗三百首，不会吟诗也会吟"。中国人不学具体的语法。后来季羡林去德国，学习欧洲人的研究方法。欧洲人按照古希腊语、拉丁语的方式造了一个梵文的语法，他们也创造了一个"神话"，认为最初在高加索地区，就是现在的黑海和里海中间那个地方，雅利安人的祖先一部分到了欧洲，另外一部分到了伊朗，再从伊朗到了印度。这些人开始是游牧民族，伊朗是农业民族，所以琐罗亚斯德教（中国称为祆教）这种二元神论的宗教认为，好的神是伊朗本地的神、是农耕的神，坏的神是印度教的神。印度教正好倒过来，认为自己的神是好的神，伊朗的神是坏的神。这种情况反映了游牧民族和农耕民族的对立。所以欧洲人认为雅利安人的宗教是一源的，有统一的源头，因此语言也有统一的源头，他们拿欧洲语言的语法来造梵文的语法。当然，欧洲语言学的这种方法是很有价值的，因为当时欧洲的民族语言都是这么造出来的。他们的民族语言都是由方言改变过来的，通过构建规范化的语法，让自己国家的民族语言的书面语定型。语法定下来以后，字典一编，然后出版官方教科书，随后马上普及识字率，这就成为标准的民族国家语言了。

所以语法甚至语言都是人为构建的。我们现在学习古希腊语，其实谁也不知道古希腊语的阿提卡方言（古希腊哲学主要使用的语言）应该怎么念，但是我们只要定一个规则，按照这个规则就可以念了。构建的语法其实也是这样的。我们看早期的白话文，比如看鲁迅的白话文，有时会觉得很别扭，这是因为后来定的现代语法规则没有完全按鲁迅所写的白话文来制定。如果按照鲁迅写的白话文来定，可能鲁迅的语法就是非常好的语法。当然这里也有一个自然淘汰的问题，不是那么简单。但至少说明语法未必都是必然的，未必都是古典学科学性的体现。一种语言的语法本质上是一个可以替代的东西，不用它，用别的也可以。古典学要以古典语言为基础，但语言在一定意义上是"造"出来的，它造出来以后，我们觉得它好像是客观的。为什么是客观的？因为我们拿到古籍的抄本，给它进行拉丁字母转写的时候，就按照我们理想的语法来重新构建，构建以后反而证明语法是正确的。比如对于我国的古文，现代标准本都是把土俗字改为标准繁体字，所谓"书非校不能读也"，人们总是互相地、来回倒腾地印证自己是正确的。

王俊淇

我从事印度佛教的研究，确实不是正统的欧洲古典学的传承。正如张老师所说，印度佛教研究的领域受到了欧洲古典学的影响。例如，刚才我介绍的 Paul Mass 教授的书讨论的其实是欧洲古典学，根本不涉及印度佛教研究。所以我必须承认，我们这个学科本身确实是在仿照欧洲古典学的基础上建立的，对梵文的研究也是仿照对古希腊语、拉丁语的研究而建立的。甚至可以说，欧洲古典学有什么方法，我们直接就拿来应用在我们自己的学科上。

实话来说，我并没有深刻反思过这种"拿来主义"。当然，我也知道这里确实有局限性。例如，刚才提到的 Paul Mass 教授的《文本批判》，按照其中的理论与方法，我们可以构建出来文本的系统树，很清晰地揭示出文本的演进过程。然而，我们要清楚，这种系统树是一种模拟，它并不是真实情况。就像我们在生物学上，古生物学家发现了很多古生物化石，然后通过这些古生物化石，模拟出生物的演化过程。这首先是一种模拟，它并不是一定反映真实的历史。哪天某位古生物学家在某个地层里挖出一个新的化石，很可能会改写整个分支中的演化过程。在古典文本的研究中，类似的情况也是屡见不鲜的。

因此，张老师指出的古典研究构建了自己的方法，然后互相地、来回倒腾地印证自己是正确的，确实有这种质疑。不过，我反而觉得这恰恰证明了这门学科的科学性。大家不管在科学中学到了什么，科学从来不宣称它就是绝对真理，也不会宣称某一理论绝对正确，但凡不按照某一理论来的就是错的。例如，我们高中学过的牛顿力学理论，并不适用于任何情况，而是有着局限性，但是，我们还是在有限范围内承认其理论的有效性。与此类似，古典研究接受现实，承认新材料和各种新理论，具有不断修正自身的开放性，也有各种局限性，这些都恰恰证明了这是一门科学，而不是一种已然发现了永恒真理的神学。

另外，建造神话当然也是需要的。我理解近现代中国为什么要建立国学。大家只要了解过中国近代史，就容易理解国学的提倡者、建立者们在面对强势的西方文化时想抓住一点儿东西，然后构建出民族的统一性以团结民众、激发人心的心态。人生活在这个世界上,从来不是绝缘的个人,人会组成人群。人群自发地有对整个社会统一性的需求与期待。也就是说,并不是某一个单一的人自己想要构建某种神话,而是我们整个社会需要神话。一个社会如果没有这样的东西,是无法黏合在一起的。因此我才说古典研究存在着矛盾——社会、人群对古典研究的期许与古典学实际的解构作用并不协调。

张雪松

我稍微延伸一下话题。我们说古典学是要研究一个古代文明,就是说,是以古代文明或者古典传统文明为研究对象。那么,在以研究传统文明为对象的情况下,宗教其实是国学研究中比较重要的一环。无论是建构一个神话,还是解构一个神话,宗教都是非常重要的。所以我觉得古典学应该比较客观地研究宗教。

以老生常谈的古希腊为例。用王俊淇老师的话来说,我们对古希腊的研究创造出一个高扬人文主义的神话——认为雅典人是理性的,只是因为后来外族入侵,基督教成为国教,古希腊的理性才淡化,然后到文艺复兴才重新出现。但实际上很难这么讲,因为雅典人其实是信仰宗教的,而且古希腊的宗教也很难说完全是理性的。如果我们大量地看希腊神话的话——希腊神话也不能代表希腊宗教的全部——就会发现希腊人的神都是有肉体的,都是人神同性,似乎人就可以成为神,但实际上不是这样的。如果稍微深入地研究一下古希腊的神话就会发现,古希腊的神和人是分得非常清楚的,人是不能成为神的。这点非常重要,为什么古希腊的悲剧这么伟大，到今天也这么伟大，博得了很多人的眼泪？那是因为古希腊悲剧的本体论基础就在于人不能够成为神，悲剧性的英雄总是要失败的，英雄总是想成为神，但他注定成为不了神。我们学西方哲学史，有非常有名的一句话："认识你自己"，这是在德尔菲神庙上的一句话，它好像是高扬人文主义的。我倒觉得可能它恰恰是说，人要老实一点，你要认识到你不是神，你就是人，要认识你自己。恰恰是那些蒙昧主义和哲学家们要让人成为神。为什么古希腊哲学家要提出水是世界本原、火是世界本原、数字是世界本原呢？这就是要告诉你，人跟神是同一种东西造的，他们的原理是相同的，这样就为人成为神提供了一个本体论的基础。这是非常重要的，一直到柏拉图讲理念世界，人类其实都是神，人类在理念世界堕落后下降到人间。只是在下降到尘世时人类才有了肉体，灵魂因而败坏了，把知识忘掉了。柏拉图说学习就是回忆，靠回忆就可以重新认识知识、理念。我们都知道，古希腊的城邦是以神庙为核心的，围绕着神庙建立起一个城市国家。如果城市国家人口太多了，就到海外再建一个殖民地。城邦及其新建的殖民地都是以神庙为核心的。例如雅典城邦就是围绕崇拜雅典娜的神庙建立的一个城邦。在神的面前，人人都是平等的，所以有民主共和制度，城邦民主必须以此为基础。这个城邦、城市国家之所以建立，是由于公民共同的宗教信仰。但是，哲学家要打破这个信仰。哲学家是要成为王的，这样人是要成为神，那么它本质上就是背叛城邦国家，所以在这个意义上讲哲学家叛国，把苏格拉底毒死也并不是完全冤枉了他。当然，最后的胜利在一定意义上是属于哲学家的。苏格拉底的学生是柏拉图，柏拉图的学生是亚里士多德，亚里士多德教出了马其顿的国王，后者建立起一个横跨欧亚的大帝国，就是马其顿王朝。建立马其顿帝国以后，古希腊的城市国家开始彻底毁灭了。谁成了神？罗马帝国的皇帝。从凯撒开始看，朱庇特·凯撒要把自己的脸涂成红色，因为朱庇特就是宙斯的罗马名字，他的脸是红的。所以罗马皇帝成了神。

　　中国的历史也是这样。有些人认为中国传统的信仰也是一元论，其实不对。中国在传统信仰上也是二分的，神就是神，人就是人，他们是不同的生物。在这个二分的传统上，上古的中国人可以通过占卜甲骨的龟裂等方法来知道神的意思，然后人向神祭祀。这是一个人神二元的结构。打破这种人神二元结构的也是哲学家，例如春秋战国时期的先秦诸子，当然还有方士。先秦诸子也有很多哲思，认为人跟神来自同一个本原。以前人要成为神，必须基因好，所谓"成仙需有骨"，要成仙必须有仙骨，成仙要蜕变，要长出羽毛来，要羽化变成羽人。直到两晋的时候，才是人人皆可成仙，"神仙可学而至"。佛教传入中国后，魏晋南北朝开始提倡人人皆可成佛，人人皆有佛性。道教也说人人皆有道性。这些发展变化，对于我们理解宗教和古代文明其实是非常重要的。我们通过这些角度研究一个文明的特性，可以看到表面上它有延续性或者统一性，但实际上它的内在结构有很大的变化。国学或中国古典学要成为一门真正的学问，就要把握这些变化。

（讲稿整理人：林劲博）

第三讲 中国政治哲学的美育维度

主讲人：冯 庆（中国人民大学哲学院讲师）

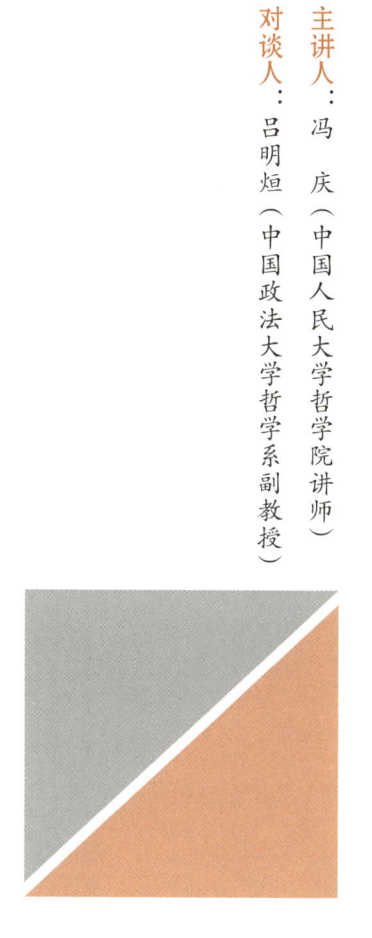

对谈人：吕明烜（中国政法大学哲学系副教授）

冯 庆

吕明烜是汤一介先生的关门弟子，是专门研究中国古典政治哲学的青年学者。请他来聊这个话题，是因为我最近不断在推进对一种路径的思考，即返回传统政教伦理的维度来理解中国美学。当然，把政治哲学的问题套入美学的研究领域当中的这种"政治美学"很普遍，也是现今美学研究一种比较热门的态度。现在流行跨学科研究，各种领域之间彼此借鉴观点、理论、方法，是很正常的事情。然而，在美学这个学科里面谈论政治哲学，往往有非常多的困难。为什么呢？——这个问题后面再回答。

首先说一下要聊的关键词"美育"。"美育"现在是个重要议题，也是我们"课程思政"的重要环节。人需要在德智体美劳各方面全面发展，进而，在初高等教育的各个阶段，都得讲美育。可是美育的实践却比想象中的要难。最近围绕美育的讨论都会牵扯一个核心的问题，就是美育与财富的关系。现在很多家长会把小孩送去学画画、书法、舞蹈，或是学习各种体育项目，提升孩子的综合素养。有的时候，需要一定的财富投入，这种教育才能实现其效果。曾经有一种批判性的观点，认为要搞好美育，必须在经济层面有非常充分的准备。

所以，今天我们强调美育，言下之意，就是人们必然会在经济条件不断改善的基础上寻求新的"奔头"，进而需要树立新的教育理想。但是，熟悉中国美育观念史的人会发现，早在晚清、民国的时候，诸多教育家、思想家就在强调美育。比如北京大学的蔡元培校长，就提出了一个著名的口号——"以美育代宗教"。那是什么年代呢？民国刚刚建立，大多数同胞的温饱问题还没有解决。蔡元培作为革命元勋、政府要员，作为熟稔西方经济史、社会史的学者，当然明白"仓廪实而知礼节"的道理。那么，在财富条件有限的时代，他为什么要强调美育呢？

进而，我们就发现了一个问题。首先，西方美学史告诉我们，康德、席勒这些人是现代美育思想的理论先驱。但是，康德、席勒所处的时代，欧洲的、德意志地区的人民，难道解决温饱问题了？显然没有，不然就没有之后的革命时代了，马克思主义也不会出现了。所以说，美育，或者至少说美育的观念会在历史上出场，并不是如我们想象的那样，非得有十足的经济基础来支持不可。而思想家提出美育的观念，动机也不完全符合一般人理解的"仓廪实而知礼节"。那么，他们真正的动机是什么呢？由这个问题，我们必然超出社会经济运行的常识，走向政治哲学层面的思考。

今天各种传媒、研究中所呈现的美育大多数在社会经济发展的常识维度展开讨论。这种美育观念体现为一种社会工程，即通过日常的文学艺术教育，培养出具有文雅修养的现代公民。美育可以说是社会真正形成的一种必要条件。但是，由谁来做这个事情呢？换句话说，这种常态教育得以施行的前提是什么？仅仅是财富吗？

一些职业的艺术教师——不一定是艺术家——似乎是这种教育的实践主体。他们当中毫无疑问存在着很多资质很普通、艺术天赋有限、技法也差强人意的人，而他们之所以从事艺术教育，可能正是因为他们无法成为真正的艺术家。这个时候我们的文学和美术教育就会变得有些尴尬。在传统社会里，掌握一门艺术的老师去教小孩子这门技艺，旨在把他培养成新一代的艺术工作者，这是艺术自身文化逻辑的延续。以前的艺人有所谓的师徒制，一个人要成为艺术家，首先得拜师，跟着一位大师学习，就比较像我们现在的学术研究，里面体现着传承的文化逻辑。一个人能不能拜师，师父是需要预先审核的，他的目标是维持自身这门技艺的极高水准，必须审慎选择弟子。换句话说，他不对大多数人负责。但在今天，在作为普遍教育的美育影响下，专业的艺术教育不再是也不可能是彻底的师徒制，而需要考虑到社会普及的层面。因此，大部分艺术教育自身就有着双重考虑：既要试着鼓励有天赋的后来人成长为优秀的艺术家，又要让才智普通的大多数人至少能够传承关于美和艺术的专业知识或技术，这样艺术的火种才不会断绝，而是散得越来越开。当然，火势也不会集中，而是越来越微弱。

这也就意味着，面向基层的文艺执教者未必是该领域最优秀的教师。当然，这也是一种常态。因为我们也会承认，大多数人所需要的审美陶冶方式，不见得就是职业艺术家、文学家所需要的那种高级训练。如今的美育所传达的内容，大致上就是最基本的文化艺术知识与技能。我们在街边经常看到"仁义礼智信"等传统道德伦理的宣传标语，甚至是一些基本文明素质规范，如"不要乱扔纸屑"，在摆置于公共空间时，都会艺术化处理一下，增加一些漫画、美术字体、配图的点缀。这里面也包含了某种意义上的对公民的审美熏陶。至少我们都认为，在一定的基础美育作用下，部分公民（不能说全部）可以有一点艺术感觉，也能明白什么是美，什么是不美、不漂亮。

20世纪初以来，美育的动机就是朝向民间、朝向多数人的，这个美好的愿景可以说是一种普遍启蒙的理想，也要求大量"中庸"的文艺教育者尽可能参与其中。在社会的动员下，审美生活不再是部分天才的专利，而可以为大部分人尽可能分享。但是，今天的大众文化却存在另一个问题，那就是仅停留在这个中等的状态，甚至往下滑动。看街上的某些建筑物，就能感觉到千篇一律——城市的设计者为了方便快捷、秩序划一，往往会牺牲一些审美的多样性。这也就罢了，但有时一些过度前卫的艺术冲动又和奇怪的现实欲念杂糅在一起，变成一种"对当前的社会还为时尚早"的街头景观。有一个"全国十大最丑建筑物"的网络热门话题，什么"大铜钱"大厦之类，非常"现代"，但又非常"土"，让传统的美学范畴在渴望加以解释时却无所适从。

那么，在这个大的美育环境里，我们不禁会意识到一种张力结构：越是强调普及、普遍的文艺教育，事实上文艺的水准越会在大众的视域里下行。原因就在于，首先，艺术教育者自身获得了神圣的教育地位，但他们未必是足够优秀的技艺的真正掌握者；其次，作为美育受惠者的大众，所能接受的内容也不见得是最好的那些内容——审美的理想总会被一些现实因素所稀释。

我主要想结合当代美育的上述张力来讨论，其实是这样一个维度的问题：哲学工作者在美育中能够干什么？我们在哲学院讨论美育，能够干什么？

这就要求我们先问：历史上的美育观念的提出者，如康德、席勒等，他们在干什么？我先抛出一个观点：他们作为某种哲学观念的坚持者，试图基于这种哲学观念来向公众传授关于美和艺术的特定观念。他们的目标不是辅助实现某一个人、某一个群体对其所信仰的艺术境界的追求，而是要让全部人类的心灵与肉体的"整全"状态得以实现。这是现代启蒙哲学的基本追求。人的"整全"很有可能只是一个哲学层面的应然理想，就和古代说的圣人、完人一样。我们在过去会说"圣人"和常人有本体论上的实然差异，但到了现代，却尽可能要求常人都当圣人。我们不禁会问：哲学家何以要设立这个理想？

我们来读一段文本，源自康德的《判断力批判》。这在我们美学专业是必读书，但是因为它读起来非常困难，很多时候我们只抓其中的一些细节。我想说的是，要进入康德的《判断力批判》，必须首先把它放在康德一生的整个写作意图当中来展开观察。譬如，我们可以首先读一下康德的《实用人类学》，以实用人类学中描述的人类特性为框架，回过头来看康德的三大批判，就能较好地理解康德在其中阐发的启蒙图景。

> 一切美的艺术的入门，就其着眼于美的艺术的最高程度的完满性而言，似乎并不在于规范，而在于使内心能力通过人们称之为humaniora的预备知识而得到陶冶：大概因为人道一方面意味着普遍的同情感，另一方面意味着使自己最内心的东西能够普遍传达的能力；这些特点结合在一起就构成了与人性相适合的社会性，通过这种社会性，人类就把自己和动物的局限性区别开来……这样一个时代和这样一个民族首先就必须发明出将最有教养的部分的理念与较粗野的部分相互传达的艺术，找到前一部分人的博雅和精致与后一部分人的自然纯朴及独创性的协调，并以这种方式找到更高的教养和知足的天性之间的那样一种媒介，这种媒介即使对于作为普遍的人性意识的鉴赏来说也构成了准确的、不能依照任何普遍规则来指示的尺度。❶

先看开头这句话里的两个关键词："入门"和"完满性"。一

---

❶ 康德著，邓晓芒译：《判断力批判》，人民出版社2004年版，第203页。"社会性"原译文作"社交性"。

个人学技术或艺术，一开始肯定是入门状态，什么都不会，但他也不是什么都不知道；此外，他要尝试达到"完满性"，就是对这门技艺彻底了解，达到最高的熟悉程度，通过艺术让美内化在自己的生命当中。在"入门"和"完满性"之间，必然存在着一个漫长的过程，即受教育的过程，亦即这里所说的"陶冶"。是什么使得"陶冶"得以可能呢？是内心的"预备知识"，即 humaniora，一般翻译为"人道"或者"人性"。在康德看来，人性一方面意味着普遍的同情——即人和人之间的共通感觉。很多人都会发现，康德其实挺爱讨论"同情"这个概念的，但是在很多文本，比如《对美感和崇高感的考察》和《道德形而上学》中，他也强调"同情"不是什么绝对重要的东西。而在《判断力批判》里面，"同情"具有了独特的中介地位，是让自我内在的东西得以"普遍传达"的重要途径。可以看到，"同情"里面有两个意蕴，一个是体会他人的感觉，一个是自己传达情感并让他人理解自己。所以"同情"实际上是人之为人的成熟的交往能力的基础，而关于美的艺术从"入门"到"完满"的陶冶，就旨在让人的这种潜在的"同情"本能被激发出来、实现出来，成为现实。这样一个通过艺术来施行教育、陶冶的过程，其目的就是让一个不够完善的、还很像"动物"的人产生某种社会性。

康德说，"必须发明出一种艺术"，什么样的艺术呢？"将最有教养的部分的理念与较粗野的部分相互传达的艺术"，这种艺术能让部分人的"博雅和精致"与另外一部分人的"自然纯朴及独创性"彼此协调。注意，康德这里明确指出了普遍"人性"在突然状态中也会首先呈现两种人类状态，一种是较为文雅的，一种是较为纯朴的。社会的协调就是这两种人之间的协调。

康德说的不外乎是，艺术也好，审美教育也好，其作为社会技术的功能之一，是让高层次的文雅之人和低层次的纯朴之人达成"同情"的中介。在康德另一篇著名的文献《关于一种世界公民观点的普遍历史的理念》当中，他说：

> 人有一种使自己社会化的偏好，因为他在这样一种状态中更多地感到自己是人，也就是说，感到自己的自然禀赋的发展。但是，他也有一种使自己个别化（孤立化）的强烈倾向，因为他在自身中也发现了非社会的属性，亦即想仅仅按照自己的心意处置一切，并且因此而到处遇到对抗，就像他从自身得知，他在自己这方面喜欢对抗别人一样。正是这种对抗，唤醒人的一切力量，促使他克服自己的懒惰倾向，并且在求名欲、统治欲和占有欲的推动下，在他的那些他无法忍受，但也不能离开的同伙中为自己赢得一席之地……这时，就迈出了从野蛮到文化的第一步，而文化真正说来就在于人的社会价值……于是，一切才能都逐渐得到发展，鉴赏得以形成，甚至通过不断的启蒙而开始建立一种思维方式，这种思维方式能够使道德辨别的粗糙的自然禀赋逐渐转变成确定的实践原则，并且就这样使形成一个社会的那种病理学上被迫的协调最终转变成一个道德的整体……一切装扮人的文化和艺术及最美好的社会秩序，都是非社会性的果实……❶

可以看到，康德认为人有社会化的倾向——这没什么可多说的。但他认为人本来还有另外一种倾向，就是使自己个别化、孤立化的倾向。在大学宿舍里，有些同学晚上学习或是打游戏，灯亮到两点，影响你休息，这个时候你就会产生这种倾向，觉得不

---

❶ 康德：《关于一种世界公民观点的普遍历史的理念》，载李秋零编译《康德著作全集》第8卷，中国人民大学出版社2010年版，第27—29页。

想和他一块住了，想出去住。你就在这个状态下发现了自己"非社会"的属性。我们有时或多或少会产生"这些人好烦"的心态：那么多人要排队，要和那么多人竞争……这里面就有一种和其他人保持距离，甚至对抗、超越其他人的天然冲动。康德认为这也是人的本性之一，人，有的时候要进入社会、融入社会；有的时候又想对抗社会、对抗集体，正是这种对抗，在康德看来竟然能够"唤醒人的一切力量"，争取"一席之地"。读过霍布斯的人都能看到，霍布斯就曾经描述过一种最糟糕的人类状态，即"一切人对一切人的战争"的状态，在他眼里人类的"自然状态"有可能就是这样。康德在这里其实也或多或少继承了这样一种对人性自然的理解，当然，他同时又提出了一种卢梭式的"找补"——他在霍布斯和卢梭之间做了一种调和。怎么调和呢？他认为人类可以在这种"非社会"的环节把握到"社会"的意义，从而迈出从野蛮到文化的第一步。怎样才能做到这一点呢？得靠"鉴赏"、靠才能的发展、靠不断的启蒙，来建立一种"思维方式"。用我们能理解的话说：基于前面《判断力批判》描述的那种艺术的陶冶，非社会的人也会因为"思维方式"的成熟，而渐渐地从粗糙的、孤立的状态，走向现代人的文雅且道德的状态。这种启蒙一开始是"病理学上被迫的协调"，亦即基于一定的强制。比如说，几个性格完全不合的同学不得不住在一个宿舍，这就叫作"被迫的协调"；但是同学们天天一起玩耍、唱歌、运动、调和、增进感情，就会变成一个道德的整体，变成先进宿舍、先进班集体。大概就是这个意思。

所以康德会得出结论，认为"一切装扮人的文化和艺术及最美好的社会秩序，都是非社会性的果实"。的确，我们会看到，青少年一开始都有点儿个体主义，但是，一旦经历过长时间的文化艺术教化，一般来说就会变得稍微有点同情、同理心，然后作为看似道德的人进入看似道德的社会环境中，生活下去。康德的这种审美启蒙——亦即美育设想，也确定了德意志乃至整个西方现代的人文教育方针。在这里稍微总结一下：美育的出场有一个隐藏的大前提，那就是人类事实上从一开始都很糟糕。尤其是在启蒙哲学登场的时代，欧洲的大部分人其实都是缺少教养的平民，没有什么文化，追逐小市民的蝇头小利，或是沉迷于各种迷信。康德就认为，在认识到人的实然的分裂、粗野和不和特质之后，有必要用艺术作为中介，来传达启蒙哲学所设定的道德人格理想，让多数人逐渐变成现代的文雅道德主体，并且团结在一个和平稳定且自由独立的共同体当中。

那么，当启蒙的思潮进入中国后，中国有没有和康德类似的观点呢？前面提到，民国的时候，人们过得不好，食不果腹，经常打仗。那个时代的主题是"反帝反封建"——"反帝"指的是反对帝国主义对中国的侵略和剥削，"反封建"则是说，中国内部军阀割据，需要更强的、更先进的革命政权来统一全国。所以我们会看到，以"美学""美育"为名义而写作的很多学人都具有一定的现实关怀，他们对时势的诊断和前面康德提到的那种"非社会的社会性"是有关系的，因为当时大部分中国人都处于一种极端的政治处境，即"非社会"的状态。拿中国人熟悉的话说，"一切人和一切人的斗争"，就是"一团散沙"。这里选择一个1932年的文本来看这个现实处境。1932年，朱光潜先生不远万里出国留学，读了好多书回来，没有去搞原子弹，也没有去造军舰，而去搞美学，为什么这样？他给自己找了个理由。他说：

> 听说我的青年朋友之中，有些人已遭惨死，有些人已因

天灾人祸而废学，有些人已经拥有高官厚禄或是正在"忙"高官厚禄……现在青年不应该再有复杂错乱的心境了。他们所需要的不是一盆八宝饭而是一帖清凉散……❶

"八宝饭"是个隐喻，就是当时其实有太多的人汲汲于富贵功名，彼此你争我斗。这听上去就很像康德或者霍布斯描述的那种"非社会"状态：人为了自己的利益和权欲，不断彼此倾轧、彼此斗争，把中国搞得很不好。所以朱光潜先生说：

> 我坚信中国社会闹得如此之糟，不完全是制度的问题，是大半由于人心太坏。我坚信情感比理智重要，要洗刷人心，并非几句道德家言所可了事，一定要从"怡情养性"做起……我以为无论是讲学问或是做事业的人都要抱有一副"无所为而为"的精神，把自己所做的学问事业当作一件艺术品看待，只求满足理想和情趣，不斤斤于利害得失……❷

在这里我们可以看到，"美育"或者说"怡情养性"的艺术教育，针对的是一种特殊的人心败坏的政治状态。而我们现在搞美育不是出于这个动机，而是"仓廪实而知礼节"，跟民国时期完全不一样。和康德一样，朱光潜先生认为审美能让人超出眼下利益，超出蝇营狗苟的斗争世界，进入一个更高的理想世界当中，所以他认为学问或者说做事业也都要内含一种无功利的精神，不计较利害得失。他以为这样人们就不会为了功名利禄而彼此倾轧了。

就中国现代美学的发展史来说，1932 年已经很晚了。朱光潜的前辈们，比如王国维、蔡元培、梁启超，都有过类似的关于

---

❶ 朱光潜：《谈美》，《朱光潜全集》（新编增订本）第 3 卷，第 6—7 页。
❷ 朱光潜：《谈美》，《朱光潜全集》（新编增订本）第 3 卷，第 6—7 页。

"无功利"的"美育"的看法。王国维是在清末的时候说的,蔡元培是在民国初年说的,梁启超则是在20世纪20年代说的。这些时间节点都很重要,和近现代中国政治局势的变动息息相关。但过去的美学史对这个维度关注得实在不够。整体上看,从晚清到民国,将近三四十年的时间,中国这些提出美育理念的先驱人物,其实都在围绕政治局势、社会风气,琢磨中国现实生活中人心败坏的问题。这跟康德有没有相同的地方呢?当然有,所以他们才会横向挪移康德的理论。这个话说出来就会让一些学者不太高兴。他们会认为我们当初是完全没有学术自信,才去大量引用西方人的这些理论来解释中国问题。其实不是这么简单的,王国维、梁启超是什么人物,他们怎么会没有学术自信呢?他们那个时候是真的觉得近代中国和启蒙时代的欧洲一样,面临着现代民族国家建构的重大问题,所以他们和康德有着同样的问题意识,才要去援引康德。他们当然有学术自信,只是他们比当代的学者更加自信,觉得哪个好、能拿来用,就用。所以我们一定要对某种观念保持警惕,这种观念认为中国人只要引用西方人的东西,就好像显得中国人不行、不够自信。事实上不是这样的。

我们可以在王国维的文献《去毒篇》中看到他们那代人的基本关怀。这是王国维在1906年,亦即清末新政时写的文章,主要谈的是怎么治疗国民鸦片烟瘾。它和教育有什么关系呢?王国维说:

> 人之有生,以欲望生也。欲望之将达也,有希望之快乐;不得达,则有失望之苦痛。然欲望之能达者一,而不能达者什佰,故人生之苦痛亦多矣。若胸中偶然无一欲望,则又有空虚之感乘之。此空虚之感,尤人生所难堪,人所以图种种

> 遣日之方法者，无非欲怯此感而已……❶

人类的生命不外乎是欲望，这是叔本华的观念，这个"欲望"，就是叔本华说的"意志"。人有很多很多的欲望，但是能够实现的非常非常少，所以我们都很痛苦。这就有点像佛教，活着就是"苦"，因为人的欲望太多。那怎么才能够"解脱"，这构成佛学和叔本华哲学的第一问题。王国维自己对人生的感觉也是如此。王国维曾说他是一个天生体弱多病的人，我们知道他后来也自尽了。所以他对苦痛的体验是很丰富的。但他也知道，如果胸中毫无意欲，就会有空虚的感觉，如果"没有那种世俗的欲望"，人活着就感到很空虚。所以人们搞了很多消遣、游戏，就是为了排除这种空虚感。他接下来说：

> 故禁鸦片之根本之道，除修明政治，大兴教育，以养成国民之知识及道德外，尤不可不于国民之感情加之意焉。其道安在？则宗教与美术二者是。前者适于下流社会，后者适于上等社会；前者所以鼓国民之希望，后者所以供国民之慰藉……❷

我们都知道一定要禁鸦片，王国维认为，抽鸦片的根源在于国人精神空虚。人的精神不空虚，就不会去吸毒。什么东西能够取代毒品、给人安慰而无害呢？王国维认为，只能是宗教和美术。用一种陶冶欲望的艺术，来取代毒品、赌博等有害的排遣方式，疗治现实当中的痛苦，这就是王国维"美育"观念的初衷之一。

---

❶ 王国维：《去毒篇》，载《王国维文集》第三卷，中国文史出版社1997年版，第23—24页。
❷ 王国维：《去毒篇》，载《王国维文集》第三卷，中国文史出版社1997年版，第24—25页。

在 1917 年的《人间嗜好之研究》里，王国维说，人的"嗜好"旨在医治空虚带来的痛苦，他的说法特别像康德："人类之于生活，即竞争而得胜矣，于是此根本之欲复变为势力之欲，而务使其物质上与精神上之生活超于他人之生活之上……"❶ 人就是这样，老想力争上游，就要和其他人"卷"。他也会说："然余之为此论，固非使文学美术之价值下齐于博弈也。"❷ 即便是文学、美术，也追求高的价值，追求品质、品位，这是一种对"势力之欲"的想象性的满足。这和玩游戏追求胜利是一个性质。王国维说他是基于心理学的角度来分析的，亦即讨论的仅仅是实证的、事实层面的问题。事实上在这种理论里没有客观的"价值"高低。说一种艺术品质高于赌博、游乐，高于别的行为，人们需要去追求这种艺术境界，其实都只是为了解决"势力之欲"无法满足带来的空虚问题。

这里我们会发现，如果完全以一种经验论的角度来看待人性，就会把人性看得很低、很糟糕。审美的教育不可能停留在审美心理学的实然层面，亦即对"非社会性"的意识和调控层面。现代中国的美育观念，难道仅仅只是一种疗治人的苦闷、创伤和空虚的心理工具吗？并不是这样的。如果我们去看王国维的其他作品，就会发现还有一个维度，有一个现代政治哲学的内核。当然，这个现代政治哲学和传统的中国政治哲学之间，和先秦两汉的经学、子学或以宋明理学为代表的种种政治哲学之间，有一些张力。王国维的政治哲学是一套受到过康德式批判性思维影响的哲学。

---

❶ 王国维:《人间嗜好之研究》，载《王国维文集》第三卷，中国文史出版社 1997 年版，第 28 页。
❷ 王国维:《人间嗜好之研究》，载《王国维文集》第三卷，中国文史出版社 1997 年版，第 30 页。

我们来看一下中国传统的政治哲学关于人类教育的观点。我们都知道，儒家的政治哲学几乎就是围绕教化问题打转的。比如董仲舒就会说：

> 性如茧、如卵，卵待覆而成雏，茧待繰而为丝，性待教而为善，此之谓真天。天生民性，有善质而未能善，于是为之立王以善之，此天意也。❶

这就是说，人性虽然是善的，但并不是每个人都能实现。要让人民"善"起来，需要一个中介，就是作为教化者在背后加以引导的圣王。朱子也会说：

> 人生气禀，理有善恶……清浊虽不同，然不可以浊者不为水也。如此，则人不可以不加澄治之功。❷

"澄治之功"也是强调教化者圣人在其中的重要性。朱子还曾提到：

> 盖人物之生，莫不有太极之道焉。然阴阳五行，气质交运，而人之所禀，独得其秀，故其心为最灵，而有以不失其性之全，所谓天地之心，而人之极也。❸

这个话的意思是，人有着不同的气运禀赋，要把握不同人的参差性情，就要求一位圣人能够"全体太极，有以定之"，对自然秩序和气运心性问题达到最高的认识之后，才能进而立下一套

---

❶ 董天工：《春秋繁露笺注》，华东师范大学出版社2017年版，第147—150页。
❷ 朱熹、吕祖谦：《朱子近思录》，上海古籍出版社2000年版，第31页。
❸ 朱熹：《太极图说·解附》，载《周敦颐集》，中华书局1990年版，第6页。句读略有改动。

整全的礼法，使得后来的人能够跟随着圣人所立的礼法好好生活。圣人首先是整全自然—人性秩序的发现者，之后成为规定者。在宋朝尤其如此，天理被提升到本体论的高度，圣人作为天理的发现者、传达者，是一个中介，他的礼法设立才具有自然正当性。这就是古典政治哲学所要求的作为中介的教化者的基本情况。

在这个观念上，我们会看到古今之间最大的一个张力。在王国维的理论当中，这个教化者的身份改变了，不再是古典政治理想中的圣王人格，而是一种艺术天才。王国维在很多地方都提到中国古典的教育不可丢。什么教育不可丢呢？经学科、文学科不可丢。但是他说这些学科不可丢的原因是什么呢？他说是因为里面包含着某种哲学。他说，在西方，哲学是最根本的学问，但是在中国似乎没有这种东西。那到哪里去找哲学呢？找了半天，王国维发现与西方哲学最类似的，就是宋明理学，只能把这个传统保留下来，把经学和文学当中某些抽象思辨的内容保留下来，放进新式教育的框架当中，就可以达到保存华夏文明脉络并与世界接轨的目的。但是，这些学术传统当中最重要的东西，在王国维看来是可以丢掉的，那就是作为教化主体的"圣王"。王国维在《论性》中说，宋儒在讨论天理秩序问题时，最矛盾的地方就在于"区别人与圣人为二"，但是"且夫圣人独非人也欤哉"❶——这看上去没什么问题，我们今天已经完完全全默认了这个观念，那就是，人和人在智性上没有本质性的区别。但仔细想想看，真的没有本质性区别吗？回忆一下康德前面的话，他其实已经暗示了一点：有些人其实已经远超过身边的其他人，获得了道德自律的能力，具备文明的、博雅的视野。以一种实然的角度来看，确实会

---

❶ 王国维：《论性》，载《王国维文集》第三卷，中国文史出版社1997年版，第245页。

发现，有些人天然就比其他人更加智慧、想法见解更高明。中国古人就觉得，这是人的性情的自然等级。西方从柏拉图以来的诸多伦理政治学说也承认这个事实。然而在现代的普遍人性论面前，这种自然等级论恰恰是需要被修改的。康德的意思就是，这种人性的实然情况会因为人争强好胜的雄心壮志而逐渐改变，在普遍人性教育亦即启蒙教育的实施过程中，变成一种应然的、理想的社会状态，即所有人都能够自发使用自己的理智的状态。

同样，王国维就觉得"圣人"这个中介是完全反现代人性论常识的，所以他要对它进行批判。他会说，圣人不也是人吗？人都有有限性，圣人也有有限性。苏格拉底会死，孔子也会死，"常人待圣人出礼义兴，而后出于治，合于善，则夫最初之圣人，即制作礼义者，又安所待欤？"❶ 圣人从哪里获得最初的礼义之法的依据呢？他在智识上的独特性是什么呢？王国维对这一切都心存疑窦，其后半生也会或多或少回应这个问题。但他宁可相信一种历史化的礼法生成论，亦即认为是历史的积淀，让最不坏的制度得以在不断地调适修正中实现。所以他会说"人恶其乱也，故作礼义以分治"❷。我们知道《荀子》里这句话的原文是："先王恶其乱也，故制礼义以分治之"❸。王国维的意思就是，不要区分普通人和圣王，这等于说把儒家乃至道家最根本的东西给批判扬弃掉了。《庄子》里讲的圣人、神人、天人设定也没有了，作为中介的圣人的意义也不重要了。

在另外一个层面，王国维又做了一个调整，他把作为一种万物整体规律的天理给扬弃了，使之变成一种内在的"心理"，这个

❶ 王国维：《论性》，载《王国维文集》第三卷，中国文史出版社 1997 年版，第 245 页。
❷ 王国维：《论性》，载《王国维文集》第三卷，中国文史出版社 1997 年版，第 245 页。
❸ 王先谦：《荀子集解》，中华书局 2013 年版，第 450 页。

心理跟前面说的"心理学"的"势力之欲"不太一样,而是指一种逻辑化的内在思维。在《释理》一文中,他说:"古代心理上之分析未明,往往视理为客观上之物,即以为离吾人之知力而独立,而有绝对的实在性者也。"❶ 言下之意,古人没经历过康德的批判哲学洗礼,没经历过现代认识论转向,才会误认为"天理"是客观实在。经历过康德为代表的近代认识论哲学的洗礼,王国维只会认为"宇宙不能赋吾心以法则,而吾心实与宇宙以法则","理性"和"理由"都是主观的东西。

在这个意义上,王国维对于中国古典政治哲学中最重要的两个维度——作为自然与人之中介的教化者圣王,和作为教化依据的天理的客观实在性——都进行了一番清理,认为这两个东西都靠不住。面对多数人的教化观念,也就随之发生了古今之变。现代公民要怡情养性,不能再依靠已经形成制度的古代圣王规定的礼乐教育,也不能再把"天理"及其相应的气化宇宙论秩序视为教育的主要内容。然而我们在阅读中国古代的诗词歌赋时,注定遭遇这种气化宇宙论的秩序:春夏秋冬的时序运转、日月星辰的起伏更迭,这些在古人看来是客观实在的自然秩序的表象,其所引发的人情也是客观实在的人情,人性也因此稳定清明,没有那么多的现代谜团混杂在其中。但是,王国维则会说,这一切艺术表象只不过是诗人内在的某种复杂观念的意象化投射而已。渐渐地,以比兴寄托为基调的宇宙论的类比美学,就被他修改为审美现象的"心—理学"。这个"心—理学"其实就是我们熟悉的近现代的理性主义哲学。

所以,在原理层面讨论普通人的实然心态时,王国维会采取

---

❶ 王国维:《释理》,载《王国维文集》第三卷,中国文史出版社1997年版,第258—259页。

经验主义的心理学总结出"势力之欲";同时,王国维又用"心—理学"分析价值层面的问题。王国维认为,主观的"理性"决定着客观的"理由",而非相反。但是这种关联中还可以开出一种"伦理学上之意义"。借助孟子"耳目之官不思,而蔽于物"的判断,王国维认为传统哲学的"天理"本质上并非客观的因果原理,而是作为人类认识能力之一的"理性":"理性之作用,但关于真伪,而不关于善恶",只不过在古代"真与善之二概念之不相区别,故无足怪也"。❶基于康德,王国维将"天理"重构为一种认识论维度的"心—理"之学。一旦"理"从天人相应的"道理"降格为人向自然界投射意义的"理性",那么善恶的道德判断也将化约为经验知识层面的"真伪"判断,进而化约为主观理解力层面的价值判断。王国维的美学—美育观,进而有两个不同向度:事实层面的"心理学"分析和价值层面的"心—理学"规定。

那么,在更高层次的价值层面,王国维本人是怎么看的呢?他有一篇文章,叫《孔子之美育主义》,可以用来说明他的价值诉求。前面我们说他不是把儒家的基本内核"圣王"扬弃了吗?那他谈孔子这个圣人是要干什么呢?其实,这就是我们常说的"给古人穿新衣":在现代思想家笔下,古人只不过是个假人模特,给他穿上何种新的衣服,才是最关键的。

他说:"孔子之教人,于诗乐外,尤使人玩天然之美。"❷言下之意,在传统礼乐艺术之外,还可以开出一种全新的审美教育传统,就是直面自然的观赏。这种对"自然美"的鉴赏在今天经常被解读为"生态美学",好像可以直接通上古人理解的"天人合

---

❶ 王国维:《释理》,载《王国维文集》第三卷,中国文史出版社1997年版,第262页。
❷ 王国维:《孔子之美育主义》,《王国维文集》第三卷,中国文史出版社1997年版,第157页。

一"的最高境界。然而，即便王国维是想讲"天人合一"，但他说的已经是康德意义上的以人观"天"，即我心中之理，即世界之理。"之人也，之境也，固将磅礴万物以为一，我即宇宙，宇宙即我也。"❶ 好像来自《庄子》，但王国维的逻辑完全不一样。他还引用了邵雍说的"以物观物"等来解释这种境界，但其实这种审美的内核是达到叔本华所谓的"无欲之我"，即达到一个超越的、解脱的自我的表象。"物"或者说自然世界究竟怎么样，其实不太重要，重要的是审美主体发现"此时之境界：无希望，无恐怖，无内界之争斗，无利无害，无人无我，不随绳墨而自合于道德之法则"。这就很像康德或者朱光潜的目标了——塑造能够把控自身世俗欲念的清醒的道德主体。王国维接下来的话很有名：

> 一人如此，则优入圣域；社会如此，则成华胥之国。孔子所谓"安而行之"，与希尔列尔（席勒）所谓"乐于守道德之法则"者，舍美育无由矣。❷

康德、席勒设想的现代道德主体就这样被王国维套入了孔子之教的语境当中，也可以说王国维对孔子之教进行了"心—理学"的改造。他把这种现代道德主体的内在状态称为"美丽之心"（beautiful soul），这个观念来自席勒，原意就是"美的灵魂"。王国维在别的地方怎么讲席勒呢？在同样于1904年所写的歌德、席勒小传里，王国维说席勒"重理想""善于写男子之性格"，他的诗是"国民之诗"。熟悉德国文学史的都知道，这里描写的是

---

❶ 王国维：《孔子之美育主义》，《王国维文集》第三卷，中国文史出版社1997年版，第157—158页。
❷ 王国维：《孔子之美育主义》，《王国维文集》第三卷，中国文史出版社1997年版，第158页。

"狂飙突进"时期的席勒，是正在描述某种德意志民族主体性的青年席勒，是现代民族主义和个体自由的代表。所以，"美丽之心"可能指的是某种现代民族国家的昂扬激奋的道德公民，他存在的意义不是继承传统，而是开创新的秩序。这似乎就是王国维以孔子为美育先驱的隐藏动机。

我们到此已经明白了，以王国维为代表的晚清民国思想家们为什么要设计一套美育的方案。"人间嗜好"的理论要解决的问题是什么？是大多数的人、普通民众的心灵安慰问题，其动机比较接地气。但"美丽之心"的说法，则彰显出层次较高的境界。指向"势力之欲"的心理学对应着人的实然状态；指向"美丽之心"的"心—理学"对应着人的终极状态。和康德一样，王国维也要在实然的人性状况和理想的人性境界之间搭建一个桥梁——显然，这不能是圣人。那这个桥梁是什么呢？其实就是历史，准确地说，是史学。这就让我们不得不注意到他的另一篇讨论美育的文献——《古雅之在美学上之位置》。可以看到，这篇文章的重点是"位置"，我们可以认为他强调的就是"古雅"作为"中介"的意义。

王国维认为：

> 古雅之性质既不存于自然，而其判断亦但由经验，于是艺术中古雅之部分，不必尽俟天才，而亦得以人力致之。苟其人格诚高，学问诚博，则虽无艺术上之天才者，其制作亦不失为古雅。❶

"古雅"是经验生活中的一种判断——我们都能清晰辨别出一

---

❶ 王国维：《古雅之在美学上之位置》，载《王国维文集》第三卷，中国文史出版社1997年版，第34页。

个东西是否古老，也能通过史学手段判断艺术品是否是真品，由此判断它是否有文化历史价值。这个不需要极高的理论思辨能力和艺术敏感力也能做到。所以，一个人如果不是天才，没有关系，他通过系统的史学训练、知识学习，也能进入"古雅"这种类似于（但不等同于）纯粹审美的精神境界当中。我们现在学艺术、文学，更多时候其实是在学艺术史、文学史，学习艺术观念、文学风格和其他相关知识的发展脉络。通过这种学习，大部分普通人至少可以掌握一种教养。所以王国维乐观地认为：

> 则以古雅之能力，能由修养而得之，故可为美育普及之津梁。虽中智以下之人，不能创造优美及宏壮之物者，亦得由修养而有古雅之创造力。❶

对于大多数普通人的美育，首先需要给他们艺术游戏的可能，促使其嗜好发生转向。然后，通过"古雅"氛围的熏陶，亦即历史的、文化的知识和技术教育，不少人至少能做到对"美"和与之相伴的高尚人格有起码的尊重。但我们也能看到，王国维的这一观点说明，他事实上承认人和人之间至少在审美品位层面有显著的差异。但审美的教育却不需要某种具体的智性上的圣王来干预，而是由已经获得历史经验和学识的前人艺术家、学者来施行。甚至普通人也可以自己去学习历史知识和艺术技法。"古雅"这一审美范式的确立，让历史得以取代具有超凡自然知识的圣王，成为现代公民教育从低向高的中介。

所以王国维晚年就转向了史学。史学其实就是他早期设想的"美育普及之津梁"，几乎所有人都能在对历史的回忆和记录中找

---

❶ 王国维：《古雅之在美学上之位置》，载《王国维文集》第三卷，中国文史出版社1997年版，第35页。

到一些重要的生活经验乃至政治智慧。尽管肯定不是所有人都能达到最高的"美丽之心",但在历史的积淀中,每个人都可以往那个方向去努力。在康德那里作为重要的"桥梁"的对判断力,尤其是对目的论的判断力的教化,其实也蕴藏在崇尚"古雅"的美育里。这和中国自身重视历史的另一种古典传统相似。在《宋代之金石学》一文里,他说宋代的文人"赏鉴之趣味与研究之趣味,思古之情与求新之念,互相错综"❶,言下之意,"古雅"的氛围不仅包含纯然感性的美感,还包含对历史的学术考察带来的创新感。对于普通人来说,"思古"带来的是一种沉浸于历史的类似审美的愉悦,但对更少数有智性追求的人来说,考察古典的文献、金石材料、艺术作品等,就是找寻一种和古人进行思想对话的坚固中介。王国维就此让追求更新、更高境界的人文学术取代了传统的由圣王奠定的礼法,成为现代美育的题旨。

简单地总结一下,我其实想表达的第一个观点就是,在中国,现代的美育实践,注定会要求对某种传统政治哲学的引入和改造,这是一个扬弃的过程。其中最重要的就是美育之施行主体的变化:以往的文人归根结底要以圣王所立下的礼法和相应的经典为依据;而在圣王无效化的今天,经典成为唯一的依据,王国维的"古雅"方案,实则是回归史学的方案,亦即对经典进行考察、解释和发挥的方案。所以不难看到,在中国,文学艺术教育的主要方案,就是去临摹古人、学习传统。艺术学院和文学院的学生大量的时间是在学习艺术史、文学史,就是因为我们所能找到的最稳定的意义系统,就来自历史自身的发展逻辑。要成就好的审美人格,必须"观千剑而后识器,操千曲而后晓声",所以文史之学能够以

---

❶ 王国维:《宋代之金石学》,载《王国维文集》第四卷,中国文史出版社 1997 年版,第 124 页。

丰富经验、增长见闻的方式，推动大多数人的性情尽可能地朝向较好的方向提升。但即便这样，大多数人难道真的能够通过这个方式变成王国维或者康德设想的那种极高的、可以和孔子相媲美的人格状态？还真不好说。

"美丽之心"到底源于什么？王国维在很多地方其实都默认，指的是"天才"。"天才"是美育诸多普及性方案中最麻烦的一个，问题是：人们没有办法对这个现实熟视无睹，极少数人天赋异禀，是天才。尽管我们可以用史学、心理学的方法，还原天才逐步生成的某些原因，但我们无法依照这样的历史过程复刻出新的天才。天才在本体论上是更高层次的人，没办法通过技术手段来生产。我们也必须承认天才的伟大。如果否定这个常识，就不存在通向更高人格的美育的意义了。追求普遍启蒙的现代美育试图打破人和人之间的客观的智识与理解力的层级，所诉诸的只能是某种历史发展与文明教化紧密相伴的逻辑，把结构论的问题处理为发展论的问题。但传统的政治哲学更多地强调"天不变道亦不变"，有些人性的结构不会那么容易改变。当然，我们今天应该怎样去理解中国传统政治哲学中这种很不"现代"的判断，或者说要不要返回这种判断并以之为美育的出发点，我其实没有确切的答案。我想让吕明烜老师来替我回答这个问题。

吕明烜

我们不是因为一个东西是中国的就一定要返回，而是从自己所处时代的问题意识出发，去探寻一种最能够解释、接引这个时代的"道"。从晚清、民国到现在，研究中国学问的学者始终有一种强烈的回应现实文明危机的问题意识，要从现实需要出发，回到文明最原初、最根本的地方，去打开它的新生机。所以我们现在去看晚清、民国的学者，不管是貌似保守的，还是明显激进的，他们的理论主张里面都有很强烈的现实关怀，把握这一点是我们回顾一百年学术发展的前提。

在这个前提下，我觉得这个题目是非常有意思的，冯老师非常敏锐地捕捉了这个生发点。一个学科可以独立，必然有其核心的关注问题，美学亦然。我们以一个有些无聊又非常严格的标准来讲，冯老师考虑的美育其实是美学领域中比较边缘的问题，但边缘不意味着不重要，这种边缘性本身可能最具有突破性，比如有学者就认为真正的哲学问题都是边缘问题，这种突破性使得我们现在愿意谈一谈这个问题。

冯老师刚才谈了不少关于王国维的话题。我感觉好像最近学界对于王国维的兴趣又有所提升，尤其是围绕着关于"古雅"这些问题的探讨。而从我个人来说，从美学来讲，这种热度的提升并不意味着王国维有多深刻——这或许是很多学者的共识。无论是从康德的角度，还是传统的角度，王国维所做的只是一个变压器或转换器的工作，而这个工作是粗糙的。但是我们仍然在不断地关注和谈论王国维，是因为他所开示的问题和方向中有极强的启发性，蕴含的内容特别丰富。丰富性有了，所以我们今天仍然可以接着王国维来开局，继续讲一些东西。所以虽然很多问题他没有解决，甚至他尝试构筑的理论体系里面存在根本的矛盾，导致他最终认为自己年轻时谈论西学的道路是失败的，把这些文稿付之一炬。但是他碰到了很多有生发能力的点，所以我们还是不断回到王国维。

我很同意冯老师的一些看法，就是把美育放在一个文明塑造自己的政治维度里进行定位。但如果我们还是在美学的视域中来理解美育，那么就要把美育这个具有突破意义的边缘问题，与我们惯常认为的更加核心的美学问题联系起来。换言之，我们要讨论审美的基础的问题，谈审美的发生。其实也是在这个地方，王国维以及由他所开创的很多 20 世纪中国美学关注的问题也显现出来了。康德试图给人类的精神能力进行一个素描。这种素描是静观的，就是不考虑习得以及人的能力如何慢慢丰富、增长，更倾向于把人的能力当作一个标准的客观物，分析人的精神分成多少个部分。这个静观的视角是康德哲学后续展开的基石。由此出发，我们能够看到，王国维这一代学人最初面对西方美学的时候，尝试进行的关键突破在什么地方。"古雅""境界"这一系列概念传达出非常重要的问题意识，那就是借由这些概念的引入，尝试以某种方式给普通人以接引，为那些感受不到天才境界的人打开一个审美维度。这种接引本身是很有味道的，它相当于打开了一个动态视角，在这个视角下，人是有层次区别的，是应该从低层次不断向高层次迈进的。孔子讲自己好学、宋人强调工夫，都是在讲人的提升。在这个意义上，我们关注的不是静态标本式的、刻在书里面的人的精神结构，而是比如作为一个孩童，或者作为一个艺术感受力弱的普通人，怎样能够提升境界。这个方法是多样的，继续探索的理论空间也是巨大的。古雅的一个重要性，就是为我们思考这个问题留下了话头。

从另一个角度讲，古雅也有其重要意义。我们谈到艺术，就想到王羲之、米开朗琪罗这些大艺术家。所以我们看到王国维谈得最多的也是王羲之、顾恺之等人。但是讲美育、讲古雅，会引导我们去关注另外一个群体，这个群体在艺术名气上不如那些名人，但对于艺术精神的落地、对于教化非常重要，比如民间艺人。

我们的民间艺术形态是很丰富、很精彩的，比如捏泥人、剪纸之类，他们维系乡土的精神世界，也有自己的审美体系。我们说起民间、农村，可能会觉得"土"，要去给乡土"送文化"。其实这在一定意义上是扰乱，而非建设。有些人去给村民做艺术宣传，给农民做个包豪斯风格的东西，别人不一定喜欢，也适应不了他的日常需要。如果你非说服别人去喜欢你的，说你这个才高级，这其实是有很大问题的。

落地很重要。在这个意义上我们必须进入技术领域。这里的技术不是"科学技术"意义上的被科学所笼罩的技术概念，而是从技术哲学角度理解人的生存方式。《周易》说"形而上者谓之道，形而下者谓之器"，道不是高高在上、脱离人事的，它是在一个可以落地的、可以表达出来的概念下，被人们真切感受到，从而展开自身的。这种理论建构中蕴含着很深的技术性。我们对美的感受同样如此。比如曾经有一个很流行的说法：艺术如何解放人。任何一种器物、一个行为、一种技巧，它的意义都是开放而非限定的。不是说只有画油画、做雕塑才是艺术，我用电脑打字、在厨房做饭就不是艺术。

我自己主要研究儒家，我写过一篇文章讨论儒家视域中的"制器"观念。儒家的"制器"观念就呈现出非常强的开放性，在开放中寻求一种对人们生活方式的规训和教化。举个简单的例子，我们一般会觉得弓箭是打猎用的，但实际上不止如此。《周易·系辞传》就告诉我们，弓箭的主要意义不在于生产，而在于政治秩序的维系，"弧矢之利，以威天下"，主要对准人而不是猎物，其最大的意义也不在于杀伤，而在于威慑。再比如衣服。人们会觉得衣服的功能要么是保暖要么是防护，墨家就是这么讨论的，但是儒家和墨家在这个问题上有很大的争议。墨家特别强调，衣服

"适身体"就足够了，一切衍生出来的视觉的东西都是淫佚的，会败坏人心。但儒家不这么看，荀子就强调了一个概念叫作"裁衍"，就是说，任何技术在使用过程中会产生很多衍生的功能，对于这些多种多样的功能和方向没必要一味排斥，应该对它们进行裁制，让它们发挥更大的意义。像衣服的视觉功能，就可以成为一种身份标识，产生积极的社会意义，同时也可以对穿着者本身形成一种自我规训，提醒自己应该如何校正自己的行为。从这个基点出发，衣服的视觉功能就成为中国传统讨论服饰的非常重要的理论维度。我们讲丧服等都是从这里进一步推展的。

回过来讲，如果我们仅仅把美育理解为在审美层面上对美感的关注，其实走上了一条歧路。因为它只关注人的精神，而没有关注这个"器"本身更加全方位的东西。也就是说，任何一种"器"，任何一种"术"，其实都是以一种整全的面貌打开的。我们从整全性出发，在使用它们的过程中，其实都从一个具体的器物、技巧、方法中看到更大的世界。

无论是王国维、蔡元培还是后面的朱光潜，或者20世纪五六十年代的美学大讨论，美学的话语中始终伴随着一种先锋性，始终不断地在宏观视野上去尝试突破，无论是突破中国的传统，还是突破现代意识形态，它始终以一种先锋性来促逼我们进行宏观思考，带领其他哲学向前走。这么看来，我们现在很多的美学研究是不是太狭隘了？在这个意义上，美育也可以撕开一个好的讨论的口子。

关于美与善的问题，我想回到文王和武王之间的一个对比，或者是尧舜和文王之间的关系问题上。在这个问题中，善的出现绝对不是纯然神学或者道德的问题。善和美一定是同步的。我觉得美育不是把大家都培养成王羲之，或者都培养成王尔德。如果社会上的大部分人都变成敏感的艺术家了，可能这个社会也要出问题了。美育其实是这个社会创造的、去实现精神落地的一种全面的技术手段，对我们的社会进行文明的安放，编织起一个生动的、有机的、有价值标准的生活世界，寓教于乐。

冯 庆

我简单再回应一下。就"器"和"技术"的问题来说，人类进入任何一种由"器"构成的技术氛围的过程都需要时间，而这个时间也会让我们再度回到康德到海德格尔以来，人们对历史维度进行推敲的范畴。

关于"尽美尽善"，我们都知道，武王的舞乐在孔子看来是"尽美"而未"尽善"的，或许因为其中有杀伐之气。这和我一开始讲的"非社会的社会性"的现实问题是有关的。会不会"美"的出场是为了去化解某种现实当中的杀伐之气呢？武王的音乐里面有杀伐之气，但是他的"美"又是怎么做到的呢？而未能"尽善"，是不是就意味着以现实中的斗争为基调的礼乐，永远不可能达到最高的维度？或者说，比起《韶》，《武》就是在居间维度的礼乐。这也不是对武王之乐的贬低，而毋宁说是看到了现实历史所引发的"各安其分"。我倾向于认为康德或王国维对美育的想象有合理性。但是这个东西也只能说是最不坏的一种设计，亦即"审美启蒙"的现代计划。当然，我们事实上知道，要终结人和人的战争与冲突，美育事实上也只能是最不坏的一种方法。那么，什么是稍微更好一点的方法呢？这就需要我们在政治哲学上再作探讨。

吕明烜

针对"尽善"而未能"尽美"的问题,我再补充一下。"杀伐"当然是有的,我们有"春之生",自然有"秋之杀"。孔子之所以说《韶》与《武》有区别,不是说武王的品性比舜低,而是说武王已经尽力了,在他所处的历史时间段,只能是这样。舜的前面后面都是圣王,而在武王的时代,他前面是纣,这就决定了舜一定会比武王更从容,而武王一定比舜更艰难。

冯 庆

对的。所以你的意思就是,要达到尽善尽美,只能依赖于历史机运吗?

吕明烜

对,在一定意义上是这样的,而且还有一点很关键,从经典来讲,制礼作乐都是"复古"。所以我觉得,"尽美"未"尽善",未必一定要从杀伐之气的角度来讲,尽管从杀伐之气来讲,最直观也最容易理解。

冯 庆

这是另外一种解释，也有道理。吕老师是艺术世家出身，他对于当下艺术界的这种观望肯定比我更到位，尽管我们有很多共同的艺术家朋友。当然我觉得大部分人不至于变成王尔德那样的人，我相信大部分有美育意向的人，起码有一定的社会意识，不至于走极端。

（文稿整理人：林劲博）

第四讲

"身体"如何成为一个历史范畴?

主讲人：陈广思（中国人民大学哲学院讲师）

对谈人：陈　辉（中国人民大学哲学院讲师）

陈广思

陈辉老师一直从事美学和现象学方面的研究，我主要从事马克思主义哲学方面的研究，我们的研究领域没有太多的交集，但在"身体"如何成为一个历史范畴这个话题上，可能会有一些共同探讨的空间。我之前上课在讲马克思的哲学思想时，讲到马克思对"身体"的一些思考，引用了梅洛·庞蒂在《知觉现象学》中的一些句子。当时我跟同学们说，我不是研究现象学的专家，所以只是在文字层面来引用这些句子，未能真正走入梅洛·庞蒂关于身体的现象学思考之中，将它与马克思关于身体的思考进行对比。这次对谈或许有机会弥补这个遗憾，请陈辉老师讲解一下现象学的身体理论。

今天的话题"'身体'如何成为一个历史范畴？"有点偏向马克思主义哲学，因为它本身预设了"身体"能够成为一个历史范畴，这具有比较明显的马克思主义哲学的特征。之所以要设置这个话题，是因为我在阅读马克思主义哲学之外的一些哲学著作，例如梅洛·庞蒂在《知觉现象学》中关于身体的论述时，感觉不到身体是一个历史范畴（当然这有可能是因为我没有读懂这本书）。所以我就有点好奇，假如一位研究现象学的专家听到马克思对身体的相关看法时，会有些什么样的想法或评论。所以，下面我就先简单地介绍一下我所理解的马克思关于身体的一些观点，然后再请陈辉老师讲。

当我们在日常生活中讨论"身体"时，很多情况下都不会将它与历史或社会关联起来，我们所谈及的往往是自然状态的身体，或生物学、生理学意义的身体。福柯在《规训与惩罚》中有一句话很好地将身体与历史关联起来，为我们的讨论打开了一个口子。这句话是："历史学家早就开始撰写肉体的历史。他们研究了历史人口学或病理学领域里的肉体……肉体也直接卷入某种政治领域；权力关系直接控制它、干预它，给它打上标记，训练它、折磨它，强迫它完成某些任务、表现某些仪式和发出某些信号。"❶在《规训与惩罚》中，福柯讨论到了社会权力、政治权力等对人的身体的规训和支配。但是，当我们也从身体的角度来阅读马克思时，会发现，福柯关于身体被规训的一些场景，与马克思关于资本主义生产方式对工人的身体的支配场景特别像。福柯在此书中也多次提到马克思，引用他在《资本论》中关于工厂的纪律、工厂的监督以及资本主义生产技术对工人身体的影响和规训。❷

在这里，我们可以引用美国著名的马克思主义批评家和文化理论家弗雷德里克·詹姆逊在《重读〈资本论〉》一书的两段话来表明，"身体"也是马克思思想的一个潜在的重要话题。

> 如果劳动本身退到了再现的最深处的、不可接近的隐蔽地带，退到了身体的几乎不可命名的存在秘密之中……那么，劳动者那边的故事怎么讲述呢？在马克思身上，我们也发现了此前曾有幸回顾过的现象学原则的运作，即，让一个行动进入意识的，与其说是行动的成功（因为那时它的痕迹和成就直接成了世界存在的一部分），毋宁说是行动的失败、在

---

❶ [法] 米歇尔·福柯著，刘北成、杨远婴译：《规训与惩罚》（修订译本），生活·读书·新知三联书店2012年版，第27页。
❷ 参阅[法] 米歇尔·福柯著，刘北成、杨远婴译：《规训与惩罚》（修订译本），生活·读书·新知三联书店2012年版，第184、198、247页。

半空中停住的手势、碎裂的工具、跌倒，以及身体的疲惫。❶

《工作日》这一章（第十章）根本不是谈工作的：它谈的是工作在极端条件下的不可能，是处于崩溃边缘的身体。❷

具体而言，马克思关于身体的理解包含哪些基本内容？在他那里，身体如何成为一个历史范畴？

这是我接下来要讲的第一方面的内容，我们首先从基本的概念使用开始讲。

关于"人体"，马克思使用了德语中两个常用的表述：Leib 和 Körper。为了方便讨论，我们接下来统一把 Leib 翻译为"躯体"，把 Körper 翻译为"身体"。当然，把它们翻译成其他中文，或者颠倒过来翻译也可以，只要使用时统一起来，不至于混乱就行。马克思在《1844年经济学哲学手稿》中有一段话包含了他对这两个表述的微妙区别："在实践上，人的普遍性……把整个自然界——首先作为人的直接的生活资料，其次作为人的生命活动的对象（材料）和工具——变成人的无机的身体。自然界，就它自身不是人的身体（Körper）而言，是人的无机的躯体（Leib）。人靠自然界生活。这就是说，自然界是人为了不致死亡而必须与之处于持续不断的交互作用过程的、人的躯体（Leib）。"❸ 在这段话中，马克思同时使用了 Leib 和 Körper 来表达人体，此书的中文译本都把它们翻译为"身体"，给我们的理解带来了不少障碍。其中有两句话，一句认为人的普遍性能够把自然界变成人的无机

---

❶ [美] 弗雷德里克·詹姆逊著，胡志国、陈清贵译：《重读〈资本论〉》（增订本），中国人民大学出版社2015年版，第90页。

❷ [美] 弗雷德里克·詹姆逊著，胡志国、陈清贵译：《重读〈资本论〉》（增订本），中国人民大学出版社2015年版，第90页。此处有误，在《资本论》中，《工作日》是第三篇第八章而非第十章。

❸《马克思恩格斯文集》第1卷，人民出版社2009年版，第161页。

的身体（Körper）；另一句则认为，自然界自身不是人的无机的身体（Körper），而是人的无机的躯体（Leib）。对于这两句话，哪怕我们区分了 Leib 和 Körper 这两个德语的翻译，也还是有点难懂。

　　对于马克思这段话，我的理解是：从人的普遍性存在、类存在的角度来看，人在实践上和理论上，都能够把自己皮肤之外的自然物、自然界变成自己的对象，例如把它们当作生活资料的来源，当作劳动对象和劳动工具等，也能够当作认识对象、审美对象等。这能够使人的身体的力量、意志超出人体的皮肤，触及这些"身外之物"，使之成为人的普遍性存在的要素。这样一种关系向我们表明了，人的"身体"（Körper）是"栖息"在我们皮肤之内的那个身体，它既包括我们的肉体，也包括我们的脑袋。它与自然界一样，都是一种物体，不过人能够在普遍性的维度中，把自然界视为我们的对象，与我们形成某种统一关系。但自然界毕竟不是像人的手、脚之于人的那种意义的身体。所以马克思说，人能够把自然界"变成人的无机的身体"，但自然界"自身不是人的身体"。理解马克思这段话的一个关键之处是"变成"，这个说法意味着，人的普遍性能够把某种"物""改造"成另一种"物"，但这另一种"物"并非就是前一种"物"。也就是说，人的普遍性能够把原来不是人的无机身体的自然界"改造"成人的无机身体。

　　当我们讨论到躯体（Leib）时，就不再从人的普遍性存在、皮肤的内与外的角度来讨论人与自然的关系，而是从人最原始的、自然意义的存在的角度来讨论。自然界是为了维持人的生存而存在的东西，就像人的血液、五脏六腑、手脚是为了维持人的生存而存在的东西一样。我们可以设想一个并不是很恰当的视角："上帝"在创造人时，不可能只创造人本身，它还必须为人配备整个自然界，使人与自然界在持续不断的相互作用过程中保持自己生命的持存。所以人不是"赤裸裸""孤身一人"来到世上的，而是与自然界一起来到世上，就像人与自己的手脚等器官一起来到世上一样。人的生命离不开自然界，就像离不开五脏六腑一样。从这个角度来看，自然界就是人的躯体，或者说，人的躯体本来就包含着整个自然界。在这里，躯体不是局限于人的皮肤之内的人体，而是人的一种自然性的、原始意义的存在，这种存在将整个自然界都视为自己的一部分。

如果能够用两个图来表示，那么可以说，从身体（Körper）的角度来看，人与自然界的关系就是两个相互外在的东西的关系，不过人可以在实践上和理论上将自然界视为自己的对象，将它统一起来；从躯体（Leib）的角度来看，人与自然界本身就是具有内在关联的两个东西，甚至本来就是一种东西。这种示意图能够帮助我们理解 Leib 和 Körper 这两个概念的内涵和区别。总之，躯体（Leib）是从人与自然的原始统一性的角度来理解人体，它不是把人体当作某种物体而是当作某种原始的存在来对待；而身体（Körper）则是从人的实践对于自然界所具有的普遍性的角度来讨论人体，它把人体当作某种与他物相互外在的物体来对待；其界线就在于人的皮肤。这也是人的一种存在方式，但在本质上区别于躯体。

这是我对马克思在上面那段话里所使用的 Leib 和 Körper 的内涵的总的介绍。下面再根据马克思其他的文本讨论这两个概念的内涵。

在《1844年经济学哲学手稿》中，马克思还有其他句子用 Leib 来表达人体。例如："人作为自然的、躯体的、感性的、对象性的存在物，同动植物一样，是受动的、受制约的和受限制的存在物。"❶ 在这句话中，"现实的""自然的""感性的""对象性的"这些字眼都是最根本地规定着人的存在方式的字眼，马克思把它们与"Leib"联系在一起并列使用，表明了 Leib 包含人的自然的和原始的存在的内涵，它承载着人的本质规定，表明人就其自然存在而言与整个自然界相统一。马克思在《资本论》中的一句话也很关键："我们把劳动力或劳动能力，理解为一个人的躯体即活的人体中存在的、每当他生产某种使用价值时就运用的肉体力和智力的总和。"❷ 这段话是马克思对劳动力的定义。他关于"Leib"的使用，最重要的莫过于他在这里将它与一般意义的劳动力的定义联系在一起。结合马克思对劳动的理解，我们可以看到，劳动是人的躯体的各种器官综合起来而形成的统一体的活动，躯体不是人的纯粹的肉体，而是代表着人的包括大脑和各种肢体在内的所有自然机能的综合统一。躯体是人的物质性和精神性存在的统一，包含着自然而然的整体性。

总之，在马克思思想中，"躯体"有四个方面的内容：它表示人的自然性的存在；它与自然界并不存在皮肤"内"与"外"的关系，而是把整个自然界视为自己的生命之源，与它处于原始的统一性中；躯体表达人的整体性；躯体与自然界通过人的劳动处于"持续不断的交互作用"中，自然界是人的躯体的"展开"，人的躯体则是自然界的"折叠"。

我们再来看马克思的"身体"（Körper）概念。前面我们说到，身体（Körper）表达了一个被理解为"物体"的人体概念，

---

❶《马克思恩格斯文集》第 1 卷，人民出版社 2009 年版，第 209 页。
❷《马克思恩格斯文集》第 5 卷，人民出版社 2009 年版，第 195 页。"肉体力"原译为"体力"。

而且它与人的实践活动密切相关，这里就存在一个很大的理论推测空间：身体与人的社会历史性的实践活动有密切的关联，不仅身体与自然的关系会随着不同类型的社会实践活动的展开而发生变化，而且这些不同类型的社会实践活动本身也会影响着人的身体。相比躯体（Leib）而言，身体（Körper）更倾向于表达一种非自然状态的人体概念。我注意到一个现象，在《资本论》中，马克思从讨论一般意义的劳动转到讨论资本主义生产制度下的劳动后，关于人体他几乎不再使用 Leib 一词，取而代之的是 Körper 一词。这即使是马克思无意为之，也耐人寻味。在我看来，这意味着，Körper 表达人的历史性和社会性的存在，在这种存在方式中，人体会被各种社会性的力量所影响、侵犯和规训，因此留下各种历史性和社会性的烙印，使人体成为一个历史性的范畴。

  我们无法一般性地讨论各个历史阶段中的社会关系对人体的影响，只能结合马克思的思想，简单地讨论马克思笔下资本主义生产方式对人体的这种影响。实际上，身体概念的各方面规定，也只是在资本主义生产方式对人体的规训中才获得充分的表现。下面引用《资本论》的两句话来简单讨论一下，它们鲜明地表明了在资本主义生产方式下一个分裂、破碎并萎缩成人体的一个肢体的身体概念。第一句话是："资本由于无限度地盲目追逐剩余劳动，像狼一般地贪求剩余劳动，不仅突破了工作日的道德极限，而且突破了工作日的纯粹肉体的极限。它侵占了人的身体（Körpers）的成长、发育和维持健康所需要的时间。"[1] 资本无限地追求剩余劳动价值，为了达到这个目的，它不仅需要把人、把

---

[1]《马克思恩格斯文集》第 5 卷，人民出版社 2009 年版，第 306 页。"纯粹肉体"原译为"纯粹身体"。

劳动力变成商品，而且还需要把人的身体规训成适应资本主义生产方式的生产要素。为此它需要想方设法地延长工作日，提高工作强度，侵占人的身体的成长、发育和维持健康所需要的时间。结合《资本论》的内容，马克思这里所说的资本对人的身体的侵犯，不仅在于肉体方面，同时也在于精神方面。身体在这里不只是人的纯粹肉体，还包含人的精神和心灵。马克思说："在现代工场手工业中，女工或未成熟工人的身体（Körper）还被丧尽天良地置于有毒物质等的侵害之下。"❶ 这是工人的身体在生理和肉体上受到资本主义生产方式伤害的表现。但是，资本权力对人的精神的侵犯比对肉体的侵犯更多，也更深刻，因为资本主义生产方式已经不像奴隶制那样，通过暴力控制人的肉体的方式来支配劳动者，而是通过严苛的工厂纪律、法律和难以预测的生存危机来支配劳动者，使人不仅在肉体方面，更在精神方面无时无刻不受到压制。只要读一读《资本论》里马克思对工人的处境，尤其是对妇女和儿童的处境的描述，就可以深切地体会到这一点。

第二句话是："不仅各种特殊的局部劳动分配给不同的个体，而且个体本身也被分割开来，转化为某种局部劳动的自动的工具，这样，梅涅尼·阿格利巴把人说成只是人身体（Körpers）的一个片断这种荒谬的寓言就实现了。"❷ 这是马克思关于分工对人身体的损害的生动说明。作为人体的一个"片断"的身体，在生理上和直观上看，仍然是一个完整的人体，有手、有脚、有眼、有鼻，但是在人的生存境遇中，它却是以身体的"片断"或肢体的方式存在的。例如生产流水线上一个工人的工作是拧螺丝，那么日复一日，时间一长，他的身体的其他功能就逐步萎缩，只剩下拧螺

---

❶《马克思恩格斯文集》第5卷，人民出版社2009年版，第532页。
❷《马克思恩格斯文集》第5卷，人民出版社2009年版，第417页。

丝这个功能，他的身体就以拧螺丝的右手这一肢体的方式存在。卓别林的电影《摩登时代》里有一个场景，卓别林扮演的工人就是一个流水线上拧螺丝的工人，他下班之后，看到马路上来来往往的汽车，第一个反应就是拿上扳手去拧上面的螺丝。这可以说是一个很生动的例子。在马克思看来，资本主义社会中由分工而来的局部劳动和抽象劳动，都在分裂人的身体，使它转变为自身的一个片断。资本主义生产中工人的身体是被社会规训的产物，是不完整和受损伤的。在马克思这里，Körper 表示人的社会历史性的身体。它是社会化的和非自然的，总是被具体的、特殊的历史条件所规训。因此，相对于一般性而言，它总是特殊的；相对于完整性而言，由于历史是未完成的，所以它也总是未完成的或片面的。因此，Körper 是从纯粹自然界走进了社会历史的 Leib，表达人具有历史性规定的身体之意。

总之，与 Leib 表示人在自然条件下的整体存在的躯体概念相区别，马克思所用的 Körper 主要指人通过劳动而介入历史并在其中受到规训的个体身体概念。身体是一种可以被凝视的、客体化的或专题化的物体，是可以被控制、支配和规训的客观之物。身体因此成为一个历史范畴。Körper 出现之处往往伴随着人的身体因历史的规训而备受创伤的现象，身体的整体性在此被分裂。在这里身体是残缺、不成熟或受伤的个体身体。这一点在资本主义条件下尤其明显。

那么在马克思看来，作为历史范畴的身体具体是如何受到规训的？这是今天我要讲的第二个方面的内容。

马克思的研究对象是资本主义生产方式，所以我们主要讲一下在他的相关论述中，资本主义生产如何规训身体。他在《资本论》第一卷讨论了分工、协作和机器的资本主义应用三种特殊的资本主义生产方式。我们可以从这三个方面着手讨论资本主义对身体规训的基本方式。

首先,分工使抽象的劳动把身体萎缩成人体的一个器官。这方面的内容前面已经有一定的讨论了。分工是指把一个完整的劳动过程分解为一个个孤立、片面的劳动过程。这种劳动马克思称之为抽象劳动,因为从单个的劳动中,我们看不到整个生产过程,从它的产品中看不到整个生产过程的产品整体,它只是作为一种抽象的劳动过程而存在。当工人长期只能从事一个抽象、片面的劳动工作时,工人就作为局部工人(Teilarbeiter)存在。他们看上去是一个完整的人,但由于长期从事单一的工作,他的身体已经萎缩为单一工作的肢体。在《资本论》中,马克思说:"如果我们进行更仔细的考察,那么首先就可以清楚地看到,终生从事同一种简单操作的工人,把自己的整个身体(Körper)转化为这种操作的自动的、片面的器官,因而他花费在这一操作上的时间,比循序地进行整个系列的操作的手工业者要少。但是,构成工场手工业活机构的结合总体工人,完全是由这些片面的局部工人组成的。"❶资本生产还进一步促使人的身体萎缩成肢体。工场手工业分工要求工人高强度地重复某些简单的动作,压缩和分解正常身体所需要的空间,妨碍着人的精神的振奋和焕发,降低工人的教育水平和专业水平,使人的智力荒废,以致工人的身体变成"分散的肢体"。"分散的肢体"原来是诗人贺拉斯的话,马克思在《资本论》中用它来描述分工状态下工人身体的萎缩和碎片化状态,非常形象。

其次,协作将分裂的"分散的肢体"组装成"总体工人"。人

---

❶《马克思恩格斯文集》第5卷,人民出版社2009年版,第393页。

在资本主义生产中被分工异化为"局部工人",人与人之间的协作就变成了"分散的肢体"的重新组合,这就是"总体工人"的产生。"总体工人"是整个社会生产的机构。马克思说:"构成工场手工业活机构的结合总体工人,完全是由这些片面的局部工人组成的。"❶ 人体的各种职能分离后,"产品从个体生产者的直接产品转化为社会产品,转化为总体工人(Gesamntarbeiters)即结合劳动人员的共同产品"❷。综合分裂的个体身体而形成的"总体工人"构成了资本主义总体身体(Gesammtkörper),它表示身体的社会存在的整体性,反映个体身体在商品世界中既可见又不可见自身的悖论式遭遇。它同样也是资本主义生产方式对工人身体规训的结果。

最后,机器的应用对人的身体产生了哪些影响呢?我们可以把马克思的相关观点归纳为如下几个方面:机器作为一种系统使用工具的机构,提升了人体的肢体功能;机器降低工作的难度,加强工作的抽象性、片面性和工作强度;在机器的资本主义应用中,劳动的性质、工人的地位和角度都发生了变化;使人成为机器的"有自我意识的附件"、肢体;机器的资本主义应用在更大规模上重现了社会分工和协作,完善"总体工人"。

以上简单地梳理了一下我所理解的马克思关于身体的一些观点。总之,由于在每一个历史阶段中,身体都是重要的生产要素,由于生产本身就是社会历史性的活动,在不同的阶段中会形成不同的生产方式和生产关系,以此支配它们各自的生产要素,所以身体必然会受到这些不同的生产方式和生产关系的支配,被赋予社会历史性的烙印,成为一个历史范畴。在资本主义生产中,由

---

❶《马克思恩格斯文集》第5卷,人民出版社2009年版,第393页。
❷《马克思恩格斯文集》第5卷,人民出版社2009年版,第582页。

于身体的劳动能力被转化为商品，受到市场规律和价值规律的支配，所以身体所具有的社会历史性特征就更为鲜明和突出。前面用福柯的话作开头，现在也用他的一句话来作结语："肉体基本上是作为一种生产力而受到权力和支配关系的干预；但是，另一方面，只有在它被某种征服体制所控制时，它才可能形成为一种劳动力。"❶

陈　辉

我先就陈广思老师对梅洛·庞蒂与马克思在身体概念论述上的关联作一简要的文献交代。我们知道，在现象学传统中，现象学家与马克思有深度的交涉，这种交涉在法国现象学界尤其明显。法国战后的思想界普遍的是一种激进的状态。马克思在当时的法国可以说是被视为思想导师式的人物，所以如萨特、梅洛·庞蒂等关键性的现象学家，都曾对马克思和马克思主义进行过深入探讨，并在一系列重要问题上从后者那里获得了重要启发。及至后来东欧剧变和苏联解体等，可以称为马克思主义危机的时期，仍然有诸如米歇尔·亨利、德里达等这样一些现象学家们逆风而行，就马克思的文本和观念展开写作。例如，德里达在《马克思的幽灵》中就指出，如果我们不能理解马克思，我们就不能理解现时代的状况。以上是对陈广思老师刚才问题的一个浅层性回应。

这次的主题是"身体"如何成为一个历史范畴，在正式开始之前我想首先作一些预备性的说明。在这个主题中，我们看到了

---

❶ [法] 米歇尔·福柯著，刘北成、杨远婴译：《规训与惩罚》（修订译本），生活·读书·新知三联书店2012年版，第27页。

身体和历史范畴，那么我们如何来理解两者的联合呢？按照流行的观念，我们会问：难道我们的身体不是首先并且在最终意义上是一个生理范畴、一个医学范畴等，并因此而是一个应该归属于生理学、医学等我们称之为硬科学的自然科学的研究范围吗？换言之，身体作为一个自然范畴这一点难道不是不言自明的吗？对于这一点，我想从两个角度展开说明。

首先，某个观念看起来具有流行性、不言自明性和自然性，并不能为它自身提供任何本质上的保证，因为看起来最自然的东西有可能恰恰是历史建构的结果，"身体"概念就是如此。对这一点福柯已经给我们提供了很好的说明。他向我们揭示出，身体作为自然科学的对象或自然的范畴，恰恰是科学话语和权力共同建构的结果。而现象学也向我们揭示出，在自然状态下的自然观点，恰恰需要经受现象学的怀疑，进而接受现象学的批判性考察。因此，我们仍旧需要追问，"身体"是否首先并在最终意义上是一个自然范畴并且归属于自然科学研究的范围？

上述问题将我们导向第二个角度，即考察身体问题的恰当方式和领域。也就是说，自然科学导向的实证考察是对身体进行探究的最恰当方式吗？或者甚至是唯一恰当的方式吗？还是说，身体本身首先应该接受哲学的考察？但是，我们要问，哲学能够考察身体吗？在漫长的哲学史中，相对于像精神或者心灵这样的范畴，身体不是首先受到哲学的轻视和排斥吗？不是长期被视为精神的对立物和可疑的东西，进而被排除在自我自身的本质规定性之外，甚至成为自我实现其内在本质或存在的障碍，成为自我通达真理的障碍吗？实际上，作为西方意义上的现代哲学（国内往往称之为近代哲学）的开端，按照主流意见理解的笛卡尔就曾对这种轻视和排斥进行了典范性的呈现。这就是我们在《第一哲学沉思集》中看到的论述。在某种意义上，也可以说，这种理解之下的笛卡尔推动了对身体概念的非哲学化和自然科学化。

但是，哲学史并不是单一的。20世纪的哲学，尤其是现象学和当代法国理论恰恰向我们呈现了另一幅图景，在这一图景中，身体成为哲学的一个核心问题，成为一个让哲学家为之疯狂的魔力词，一个甚至比精神更受欢迎的研究范畴。这些关于身体的哲学探究并非是无效的，相反，它们将我们对身体的理解引向一种新的可能和境地，同时也以此为基础，将我们对现代性的理解引向一个新的境地。因此，至少就可能性而言，"身体"并不是一个专属于自然科学的问题，而是同样属于哲学，身体的历史性将我们引向一种哲学化的探究。在这里，鉴于时间原因，我们不可能全面地展现20世纪有关身体问题的所有哲学讨论，只能简单地呈现一下现象学相关考察的线索。

我们的讨论将围绕"身体"和"自我"的关系展开。之所以如此，是因为恰如陈广思老师向我们呈现的，在现代社会之运作的表层逻辑和实际逻辑之间，存在着巨大差异，而这种运作的实际逻辑恰恰有可能是通过身体建立的。换句话说，现代人对自我的控制恰恰有可能不是通过控制自我的思想，而是通过控制自我的身体而展开的。

在此，我们需要对使用到的相关术语作一简要说明，这些术语刚才陈广思老师都已经用到了，但与现象学中的讨论有些许差异。一方面是德语的 Körper，它在现象学中一般对应着法语的 le corps 和英语中的 body 概念，一般译为躯体、身体、物体；另一方面是德语 Leib，它对应着法语的 la chair 和英语的 flesh，一般译为肉身、肉体。

下面，我们就来进行具体考察。还是回到笛卡尔，在通常的哲学史的叙事中，笛卡尔是将身体置入了怀疑，并且确立了思维或精神实体的不可置疑的存在，进而奠定了身—心二元论的哲学家。让我们以《第一哲学沉思集》的"第二沉思"中这样一句话开始："那么至少我，难道我不是什么东西吗？可是我已经否认了我有感官和身体。尽管如此，我犹豫了，因为从这方面会得出什么结论来呢？难道我就是那么非依靠身体和感官不可，没有它们就不行吗？"❶ 这句话在笛卡尔文本中出现在自我存在形象的怀疑、排除和重新确立的转换过程中，也就是笛卡尔已经通过怀疑排除了世界、上帝、自我的感官和身体，但是自我作为思维的存在还有待被确立起来。

　　为了更好地理解这段话，我们需要对笛卡尔的推理机制进行重构。首先，按照笛卡尔在"第一沉思"中的讨论，我所感觉到的一切都有可能是上帝或某个妖怪"用来骗取我们轻信的一些假象和骗局"❷，它们都是通过怀疑而被排除，但是我能够被欺骗也就意味着我必然会作为某种东西存在。其次，面对对自我存在的这种确信，人们可以提出这样一个反驳：在笛卡尔之前的怀疑中，自我的感官和身体已经被排除了，因此，自我也就不存在了。最后，面对这种反驳，笛卡尔指出，它必须基于这样一个前提才成立，即自我的存在等价于感官和身体，而如果这种等价不成立的话，那么对感官和身体的怀疑和排除就不会否定自我的存在。实际上，笛卡尔在此探究的就是超越感官和身体的自我存在方式，也就是作为思维之物的自我。

　　以这样一个推理机制的重构为基础，我们可以进一步考察笛卡尔怀疑和排除自我身体的机制，并且揭示出这种自我机制的

---

❶ 笛卡尔著，庞景仁译：《第一哲学沉思集》，商务印书馆1986年版，第23页。
❷ 笛卡尔著，庞景仁译：《第一哲学沉思集》，商务印书馆1986年版，第20页。

不合法性。在笛卡尔那里，自我被界定为一种思维之物，而不是广延之物，而自我的身体则如同世界的一种广延之物那样被排除了。也就是说，笛卡尔是通过将自我的身体等同于世界的物体而实现了对自我身体的排除。然而这种等同是不合法的，因为在谈到自我的身体和世界的物体（身体）时，虽然都用到同一个词语"corps"，两者本质上都是与感觉相关的感觉性的身体，但实际上两者之间存在本质性的差异。对于世界的物体（身体）来说，它们的感觉性体现在其能够被感觉，进而能够作为感觉的对象，它们是可被感觉者，但是它们自身却没有任何感觉能力。但对于自我的身体来讲，情况却完全不一样。一方面，与世界的广延之物一样，自我的身体能够在世界之中被感觉到，能够作为被感觉者；另一方面，更为重要的是，自我的身体具有感觉能力，能够对外界之物和自身进行感觉，也就是说，它本质上是感觉者，而这才是它最本质的特征，这种特征使它本质性地不同于世界的物体（身体）。正是由于这种本质性的差异，自我的身体和世界的物体（身体）不能被等同。由此，依据世界物体（身体）的可疑性来怀疑和排除自我的身体也就变得不再合法。

实际上，如果仔细考察笛卡尔的文本，我们会发现笛卡尔的沉思在自我身体的怀疑和排除上也非常矛盾。在"第二沉思"中，笛卡尔在下面这句话中进行了一个添加："可是我曾说服我自己相信世界上什么都没有，没有天，没有地，没有精神，也没有物体。"[1] 具体来说，在笛卡尔之前的讨论中，怀疑主要是针对天、地、物体这三样，而在此又加上了精神，并且根据他的界定，这种精神就包括自我身体所具有的感觉。这一看似随意的添加，让

---

[1] 笛卡尔著，庞景仁译：《第一哲学沉思集》，商务印书馆1986年版，第23页。

笛卡尔的论证暗含着一种深层的裂缝。因为，一方面，它指明了感觉需要依据与世界物体（身体）不同的精神而被怀疑，以此为基础，以感觉为最本己特征的自我身体也就不再能凭借与物体的同化而被怀疑。另一方面，在这一添加之前，真正通过严格论证而合理地陷入怀疑中的，其实是"天、空气、地、颜色、形状、声音以及我们所看到的一切外界事物"❶，即世界的物体，而精神并不在其中。也就是说，在此之前，严格合理的怀疑仅仅触及被感觉者，而并未触及包含着感觉的精神，因而并未触及感觉者。也就是说，并未触及自我的身体，而这与前面所界定的那种怀疑和排除恰恰相反。

就文本而言，笛卡尔的添加虽然给其论证带来了严重的缺陷，但对于自我形象的界定来说，它却是关键性的。实际上，后来笛卡尔在将自我界定为思维之物时，感觉恰恰是被包含在自我的规定性之中："我是一个在思维的东西，这就是说，我是一个在怀疑、在肯定、在否定、知道的很少、不知道的很多、在爱、在恨、在愿意、在不愿意、也在想象、在感觉的东西。"❷在这里，既然感觉是自我的不可怀疑的规定性，那么以感觉为本己特征的自我身体，或者说感觉赖以产生的自我身体也就成为自我不可怀疑的规定性。

通过对笛卡尔相关论证内在裂缝和张力的揭示，我们可以看出，虽然从表面上来说，笛卡尔将自我的身体同化于世界的物体（身体），进而怀疑并排除了身体与自我自身的本质性关联，但在更深层的意义上，笛卡尔认同了两种身体（物体）在本质上的差异，并暗中承认了自我身体在界定自我形象时的原初性。然而，

---

❶ 笛卡尔著，庞景仁译：《第一哲学沉思集》，商务印书馆1986年版，第20页。
❷ 笛卡尔著，庞景仁译：《第一哲学沉思集》，商务印书馆1986年版，第34页。

在笛卡尔那里，这种原初性的自我身体并未被完全把握，因为他只能用"身体和感官"这一对词组来表述这个身体，也就是说，笛卡尔并未能达到对这一身体的内在统一性的洞见。实际上，这种统一性在胡塞尔的肉身（Leib）概念中被达到。

由此，便过渡到了对胡塞尔的讨论。在其现象学讨论中，胡塞尔明确区分了物体（Körper，身体、躯体）与肉身（Leib）两个概念，并界定了它们之间的本质性差异。例如在《笛卡尔沉思》中，胡塞尔指出："在那些被本己性地把握的这个自然的躯体（Körper）中，我通过唯一的标志所发现的就是我的肉身（Leib），即作为不仅是一个躯体，而且恰好就是作为肉身——那种在我抽象出来的世界层面中的唯一对象——的唯一东西。"❶ 也就是说，我的肉身能够通过唯一的标志从自然的物体（躯体、身体）中被区分出来，进而成为一个与之完全不同的"唯一对象"。根据胡塞尔的讨论，这个"唯一的标志"就是自我的肉身具有感受场，通过它我可以感知自然和肉身自身，并在此基础上处理和支配它们。胡塞尔在此所指明的，是肉身和自然物体（身体）之间的本质性差异，即自然的物体（身体）只是被感觉者，而肉身恰恰是一个感觉者。

然而，这里存在一个误解的可能性，即认为肉身的感觉能力仅仅是一个附加性的能力，也即认为肉身是一种附加了感觉能力的物体（身体），肉身就成了归属于物体（身体）之下的一个特殊种类，从而在某种程度上误解，甚至消除了两者之间的本质性差异。但是，在胡塞尔的讨论中，肉身并不是自然物体（身体）的丰富或衍生，它自身就是原初性的和原生性的，它的感觉能力也

---

❶ 胡塞尔著，张宪译：《笛卡尔沉思与巴黎讲演》，人民出版社2008年版，第133—134页。译文有改动。

是它的内在的本质规定性，而不是附加性的规定。实际上，就其现象学功能而言，肉身和自然的物体（身体）具有根本性的差异：肉身由于其感觉而能够使得自然的物体（身体）被感觉到，进而使得它们显现出来，但是其自身作为感觉者却是不显现的。因而在这种感觉过程中，肉身并不可见。自然的物体（身体）则无法进行感觉而只能被感觉，它通过肉身被感觉到，进而显现出来，成为一个可见者。

在胡塞尔的讨论中，自我肉身的现象学功能带来了两个层面的后果。首先，从自我与世界的关联来说，世界只有通过我的肉身才向我开放其自身、显现其自身。胡塞尔曾指出："最初，肉身是一切知觉的介质，是知觉的器官，是一切知觉行为所必需者……自我环境的一切物实在都与肉身发生了关系。"❶ 因此，只有通过肉身，自我才能知觉世界，才能与世界发生关联。后来的现象学家马里翁对这一观点进行了进一步解释。他指出，在自我通过肉身与世界及其可见者发生关联之前，世界及其可见者都自身给予其自身，但对我而言，这些自身被给予物还只是未被见者。它们一方面因自身给予而具有被看见的可能性，并期待进入可见性；另一方面在实际中却仍未被看见，仍是不可见的。而一旦通过自我肉身的中介，这些作为未被见者的自身被给予物便立刻向自我显现出来，从不可见的晦暗进入可见的光辉，从而完成了从自身给予向自身显现的转变。在这里，就像显影剂使得照片的图像显现出来一样，肉身使得世界及其可见者显现出来，因此肉身"独自将世界转换为一种显象，换句话说，将被给予物转换为一种

---

❶ 胡塞尔著，李幼蒸译：《现象学的构成研究：纯粹现象学和现象学哲学的观念》（第2卷），中国人民大学出版社2013年版，第47页。译文有改动。

现象"❶。

其次，从自我与肉身的关联来说，自我自身与其肉身不可分离。胡塞尔曾明确指出，自我"不可能排除肉身，甚至鬼魂也必然有其鬼魂肉身"，"我并无可能使我离开我的肉身或者使肉身离开我"。❷ 在此，我们可以从两个层面理解这二者的不可分离性：第一，肉身对自我而言是原初性的。它是最原初、最切近地属于自我的东西，它使得自我感觉到自身和世界，能够活动并支配自身和世界，它形成了自我同其自身以及同世界的本真性的关联。第二，以这种原初性为基础，自我的肉身明确地将我固定在此处，也就是说，将自我固定于其肉身之中。自我可以通过肉身的活动而离开世界之内的任何物体，但却不能离开其原初的肉身，肉身为自我指定了不可逃离的唯一可能的处所，自我自身只有在肉身之中，捕获肉身，同时也被肉身所捕获，即作为肉身，才能获得其最初的形象，才能作为自我自身显现出来。在这里，自我自身与肉身是原初统一、同一的。正是在这种统一和同一的基础上，正是在作为肉身的自我原初形象的基础上，自我的所有意向性、自我的所有我思行为、自我同其自身和世界的关联与分离才得以展开。

由此，我们就达到了肉身与自我自身的本质性的关联，即肉身就是原初的自我，只有通过捕获肉身并被肉身所捕获，自我的自身才首次被给予和显现出来，才获得原初的定型。在这里，我们可以在痛苦现象中获得这种关系的明确确认。例如，在日常生

---

❶ Jean-Luc Marion, *De surcroît. Etudes sur les phénomènes saturés*, Paris: Presses Universitaires de France, 2010. 111.
❷ 胡塞尔著，张宪译：《笛卡尔沉思与巴黎讲演》，人民出版社 2008 年版，第 78、131 页。译文有改动。

活中，当火焰与我的手处于一个安全距离时，我可以遗忘自己的肉身而专注于火焰，可以对其进行距离化的意向性把握，将其构造为一个世界的对象；然而，一旦安全距离消失，火焰灼烧着我的手，并让其感觉到痛苦，那么自我便不再能够专注于这种距离化的把握而遗忘肉身，而是必须从这种把握中回撤到一个不可分离的原初肉身，回到自我自身与肉身的原初统一和同一。因此，是痛苦让自我得以着陆，使自我回到不可逃避的处所，即肉身，并揭示出自我与肉身的不可分离性。

至此，现象学在其开创者胡塞尔那里开启了其肉身的维度。然而，胡塞尔一方面揭示了肉身与自我的本质性、原初性关联，进而为肉身的现象学开辟了道路；另一方面，又强调了意识本身在界定自我身份时的优先性，因此，胡塞尔在某种意义上回归了哲学的传统。换句话说，胡塞尔提供了肉身现象学的可能性，但是这种可能性还有待于展开。

实际上，我们在梅洛·庞蒂那里发现了这种关键性的展开。在继承胡塞尔肉身现象学的基础上，梅洛·庞蒂彻底化了身体（肉身）的原初性以及其与自我的本质性关联。综观梅洛·庞蒂的考察，这种彻底化至少是通过两个关键性的突破和拓展实现的。

第一，他将胡塞尔归属于意识的意向性挪移到身体（肉身）之上。我们知道，胡塞尔在讨论意识的本质结构时曾指出，意识具有一种本质性的意向性结构，即所有的意识都是关于某物的意识，都是指向某物的。而梅洛·庞蒂则认为，这种超越自身的指向性并不首先归属于意识，而是归属于身体，身体的意向性是所有意识意向性的基础。

我们可以以他所列举的一个视觉病理学的案例为例来进行说明。根据我们的日常理解，当我展开一个意向性行为，例如拿一支粉笔时，我好像是首先有一个有意识的想法，即想要拿那支粉笔，并以该想法指示我的身体去拿那支粉笔。然而，梅洛·庞蒂曾描述过一个名叫施耐德的病人，他在一战时由于脑外伤而引发了视觉病变。梅洛·庞蒂指出："在这个病例中，人们注意到拿取或者抓取的反应与指向行为的一种分裂：同一个主体，不能指向着去命令他的身体的一个部分，却能够快速地将他的手移动到例如一只蚊子正在叮咬的地方……当被要求指向他的身体的某个部分，例如他的鼻子，他仅仅在被允许抓住它时，才能设法做到这些。"[1] 也就是说，在这个视觉病变的案例中，有意识的意向性行为和身体的意向性行为是分离开的，尽管患者无法展开意识的意向性，但是他的身体的意向性却原始地在展开。在梅洛·庞蒂看来，在非反思性的身体意向活动和反思性的意识意向活动之间，存在着关键性的差异，而且前者构成后者的基础。也就是说，只有在身体的意向性的基础上，所有意识行为、所有主体—客体式的二元对立才得以展开。由此，自我首先展开为身体，身体界定了自我的原初自我性。

第二，梅洛·庞蒂界定了世界和他者的一种泛肉身化的结构。这里主要涉及自我如何通达世界和他者的问题。如果自我就是原初的肉身，而肉身又是能够感觉而不能被感觉，就意味着自我与他者和世界并不能互通，自我也会陷入"唯我论"的困境。而梅洛·庞蒂的解决方式就是，不仅认为我自身，而且认为整个世界具有一种普遍的肉身性结构。在这个结构中，自我一方面将其自身的身体从世界的肉身中区别出来，另一方面又能够融入整个世界的结构之中，进而走出自身，走向他者和世界。因此，如

---

[1] Maurice Merleau-Ponty, *Phénoménologie de la perception*, Paris: Gallimard, 1945. 120.

果说在笛卡尔那里，自我的身体被同化为世界的物体，那么在梅洛·庞蒂这里，则实现了一种反向的操作，即世界的物体被同化为了自我的身体。

依据以上两个突破，梅洛·庞蒂深化了胡塞尔的肉身现象学，但他这一泛肉身化的结构却遭到了后来许多现象学家的批评，例如亨利、马里翁。很多批评者都认为，需要保持自我的肉身和世界的物体之间的本质性差异，强调肉身的绝对内在性。在某种意义上，这种观点更加接近于胡塞尔的观念，在此就不再展开讨论。

陈广思

陈辉老师通过对哲学史特别是20世纪哲学简明扼要的阐述，向我们表明了身体范畴在西方哲学中的多种理解维度，并向我们证实了一点：身体范畴并不是一个专属于自然科学的范畴，它不仅同样属于哲学范畴，而且在哲学领域中，它还有多层次、多维度的内涵。在"身体"与"自我"的关系上，陈辉老师展示了从笛卡尔开始，经胡塞尔，到梅洛·庞蒂和马里翁在理论上的演进和发展轨迹，从中可以感觉到，西方现代哲学对身体的研究已经推进到非常深入和细微的层面。

不过，通过陈辉老师的讲解，我们也可以看到，马克思对身体的理解与西方哲学，尤其是现象学对身体的理解，存在多方面的甚至根本性的区别，这些区别不仅存在于对一些关键术语的理解和翻译方面，更存在于具体的观点方面。但是，双方也存在一些深层次的共同关怀和思考。这在根本上是因为，在步入现代社会后，现代社会的运作逻辑、生产方式、经济结构、商品社会或消费社会的各种现象都迫使我们不得不关注人的身体、肉体和感觉。

在《1844年经济学哲学手稿》和《资本论》第一卷中，马克思对感性、感觉、感官、人的身体各方面的现实遭遇，作了很多非常深刻的讨论。马克思的这些思考，在根本上不再属于传统的哲学范式，尤其不再属于传统理性主义的哲学范式，而是属于历史唯物主义范式，甚至还包含某些现象学的先声，如弗雷德里克·詹姆逊所说的，我们也可以在马克思的《资本论》中发现诸多的"现象学原则的运作"。伟大的和深刻的哲学家们，哪怕在完全不同的领域，持完全不同的理论立场，也可能不仅会关注同一现实问题，甚至还会对此形成同一种类型的思考。

另外，关于陈辉老师的讲解，我有一点非常赞同，就是前面所说的，身体作为自然科学的对象或自然范畴，本身恰好是科学话语和权力共同建构的结果。这一点可以说与马克思的思想有深层次的共鸣。我们在前面说，马克思所使用的躯体（Leib）概念表示在未进入具体的社会生产之前，人的一种原始的、自然性的存在。这实际上可以说是一种理论的建构。从马克思的角度来看，不存在抽象意义的、非具体意义的社会生产，任何生产都会对生产条件形成某种占有关系，因此形成具体的、社会性的和历史性的生产关系。如果说物质生产劳动是人的现实存在方式，那么人的任何现实存在都是具有社会历史性的。由此，"人体"也在任何时候都具有社会历史性，人体的原始的、纯自然性的存在，是一种理论上的设想或建构，在现实中并不存在。我们之所以讨论"躯体"概念及它所包含的人的原始性存在，主要是为理解身体的历史性和社会性提供一种理论上的参照。

（文稿整理人：李巧巧）

第五讲

人为什么有『恶』？

主讲人：刘增光（中国人民大学哲学院副教授）

对谈人：孙　帅（中国人民大学哲学院副教授）

刘增光

这次对谈兼涉中西二学，我主要讲儒家人性论中关于"恶"的探讨，孙帅老师则从西方中世纪宗教哲学出发谈人为什么会有"恶"。我讲解的内容主要分为性善论是不是儒家主流、"根恶"问题以及对"恶"的涵容三个方面。

首先，第一个问题：性善论是儒家的主流吗？

我们常常认为性善是儒家哲学的主流，但对这一问题，必须结合具体的历史时期来分别讨论。20世纪90年代，从湖北出土的先秦时期文献中发现，孟子讲性善在当时并不是主流的。当我们说其观点不是主流的时候，意味着孟子思想有一种非常高的创新性，也就是说他能在大家都在讲性善论的时候指出，告子"生之谓性"是不对的，人性的本质应该是性善的，比如人皆有四端。

北宋理学家程颐认为孟子之所以独出诸儒，是因为他能够"明性"。当他说孟子能够"明性"的时候，还意指在孟子之前的其他儒者其实不能够"明性"，不能够明究人性的本质，这些儒者包括孔子在内。因此，孔子讲"性相近，习相远"，其实在理学这里有一种重新定位。在先秦时期，孔子以"性相近，习相远"作为主流观点时，孟子的人性善说还不是主流，但到了宋代的时候，孟子思想却成了主流。也就是说，当程颐重新阐发了孟子思想之后，他思想的创造性对理学的影响力就奠定了下来。

那么，人为什么会有"恶"，或者说人性的这个恶是从哪来的呢？对于人性论观点，孟子和孔子不同，荀子和孟子也不同。荀子说："人之性恶，其善者伪也。"他讲性恶主要是从人天生的好利之心和有耳目之欲出发。荀子从欲望逻辑上讲恶的由来,但在宋学看来,这种讲法是比较肤浅的。因为他只说人的欲望,却没有谈及比欲望更为根本的东西,使得人的欲望无处安顿。

对于"恶"的由来,古代哲学家有两种重要观点。

一是"性阳情阴"说。对于"恶"的由来,汉代哲学家有一种非常著名的讲法。董仲舒和扬雄认为,人身上有两种气,一种仁气,一种贪气。董仲舒说:"仁、贪之气,两在于身。"扬雄说:"人之性也,善恶混。修其善则为善人,修其恶则为恶人。气也者,所以适善恶之马也与。"《纬书》所论述的性情阴阳说,以性为阳气,以情为阴气,将性与仁挂钩,情与利欲挂钩,也是西汉末、东汉初非常流行的观点。这些观点主要通过气来讲人性的善和恶,把善和恶都归于气上。到了宋代,理学家对这种观念做了批判性的继承。

董仲舒还将人性分为圣人之性、斗筲之性和中民之性三个层次,韩愈也把人性分成三个品类。这种区分可以推导出一种理论结果,即人和人之间生来就是有区别的,有的人天生就是圣人,有的人天生就是平民,有的人天生就是恶人。这样看的话,气化生成万物的时候,人所禀赋的气是不一样的,因而人原初就具有善恶之别。圣人之性是全善的,他没有任何过恶存在。因此,这种观念表示人性先天地存在不平等。

这一观点因宣扬人天性的不平等而招致人们的反感。因为按照这一观点,后天意义上的平民不可能成圣,所以到了宋代,思想家们就对这一观念展开了非常激烈的批判。由此,他们也对汉唐儒学用气来讲人性善的观念做了革新。比如,《礼记·乐记》中就指出:"人生而静,天之性也。感于物而动,性之欲也。"这一观点对后世尤其是对宋学产生了重大影响。这一说法为宋代以后的人留下了探究人性的另外一条蹊径，就是以动和静来讲人性。

另一是"性不容"说。宋学对人性恶之理解以及各种探寻路径是非常丰富和深刻的，他们受《礼记·乐记》启发，从动和静的意义上探究人性。他们认为，人性的欲望来源于内心的感物而动，人性的恶是因为人起心动念的气的变动。依照这种理解，恶来源于情感的波动，而这种波动恰恰是和气有关系的。程颢认为："生之谓性。人生而静，以上不容说。才说性，便已不是性也。"本性是不能言说的，我们所说的性只是人生之后的性，所讲的性是人生成之后的经验层面的性，而本体意义上的性是无法探究的，也是不能言说的。

当然我们可以说程颢这个观念是对孔子人性论的继承。从文献上来讲孔子讲人性之处很少，他讲"性相近，习相远"，但并未说明性的具体样态，因为性不可言说。"夫子之言性与天道不可得而闻"，显然影响到了宋学，朱熹也说"性不可说"，但矛盾之处在于，他一方面认为"性不可说，情却可说"；另一方面在很多时候却说性即是天理，而天理是至善的。换言之，程颢的人性论包含形而上和形而下两个层面，而性不可说无论在何种程度上都是在强调人性的形而上层面。这是宋明理学中非常著名的一种观念，就是形上之性和形下的气质之性的二分。到了王阳明的时候，他也直接说"性无定体，论亦无定体"，所以我们并不能给人的本性做一个斩钉截铁的本质性判断。

接下来，我们讨论第二个问题："根恶"问题。

朱熹如何理解恶呢？按照他的说法，恶是源于气。气是形而下的，理是形而上的。因此，理是本体，是万事万物所以然的根据。作为万事万物根据的理不可能是恶的，那么这个恶只能归结于气。所以，朱熹说"禀得气清者，性便在清气之中，这清气不隔蔽那善",指的是人的清气不会把天理的善遮蔽住,而人之所以有恶,是因为人的善被浊气遮蔽了。

可见,虽然朱熹说"性不可说",但其实他更加认同性本善,也就是孟子讲的人性善,他和程颐是一致的。不过朱熹又说:"气虽是理之所生,然既生出,则理管他不得。"也就是说,当我们按照朱熹的思路说天理是世界的本体或者本原时,其实是在一个一元论的世界里面。

我们可以进一步追问这个问题,即能不能把恶归结于理呢?朱熹认为不能,因为理和气是完全不同的东西。既然如此,那么恶只能归结于气,而不能归结于理。但问题在于,他的框架是一元论,不能讲理气二本,所以一定要讲清楚理与气之间的关系。因此他用了一个理生气的论说,如果按照气是理之所生的观念推导,我们自然就会把气之恶归结于理。但朱熹反过来说,虽然气是理所生,但是理又管不了气,那么气的位置就非常蹊跷或者微妙,因为气可以遮蔽理,理又管不住它。因此,朱熹这个理一元论的框架,其难题就在于无法解释清楚理与气之间的逻辑关系。

我们再来看看明代气学派王廷相的说法,王廷相批评程朱把恶归结于气的观点。他说"未形之前"的至善是我们没法去讲的,就像性不可说,未生之前的形而上之性是我们没法说的。既然没法说"至善",那么凭什么说它是至善呢?根本就无从说起。这意味着王廷相要将"至善"一词去除。"既形之后,方有所谓性矣,谓恶非性具,何所从而来?"即如果你认为恶不是性本身所具有的,那么恶到底从哪来的呢?它既然是人性的表现,为什么又说它是人性中没有的?所以他用了程颢的一句话——"恶亦不可不谓之性"。

此可见程颢"恶亦不可不谓之性"这句话在宋元明清的思想

史中应该说是非常有代表性的。王廷相说:"性果出于气质,其得浊驳而生者,自禀夫为恶之具,非天与之而何哉?"这个问题可以追溯到程朱区分的天命之性和气质之性。王廷相认为程朱这一区分其实是不成立的。他认为,"天命之谓性"讲的就是气质之性,程朱实际上是把气质之性和"生之谓性"放在了同一个层面上。这意味着,程朱这一做法的实质是把孔子讲的"性相近"也等同于气质之性了。

这就是我前面为什么说,在程朱这里孟子讲的人性善是一个非常革命性的东西,也是孟子具有卓出地位的原因。按照朱熹的理解,孔子的说法是在孟子那个层面上的。所以,后世批评他的时候就已经把孔子和孟子放在一个层面去讲了。按照王廷相对人性的看法,程朱的二重区分其实是一个东西。"人物之性无非气质所为者……但主于气质,则性必有恶,而孟子性善之说不通矣。"王廷相又说:"圣人之性既不离乎气质,众人可知矣。气有清浊粹驳,则性安得无善恶之杂?"所以性有善恶是说圣人和凡人的气质天差地别。这意味着,圣人和凡人其实天生就有善恶之别,所以这又回到了汉唐的那一种人性不平等。这样看的话,王廷相的说法仍然存在问题。

再往后到明末清初,颜元也曾顺着朱熹的讲法去推论。他和王廷相一样,也都是强调必须通过气质来讲人性——"非气质无以为性,非气质无以见性也"。颜元认为"以性为有恶,则必以天道为有恶矣"。其意是说,若按照程朱的讲法,天道、天理当然是至善的,不能说天理是恶的。若天理是恶的,那么整个世界都是恶的。

但是颜元认为,如果按照程朱主张的气质之性有恶去细致展开的话,就必然推导出天道有恶。天道有恶,那么情有恶,"人之性，即天之道也。以性为有恶，则必以天道为有恶矣；以情为有恶，则必以元亨利贞为有恶矣；以才为有恶，则必以天道流行乾乾不息者亦有恶矣；其势不尽取三才而毁灭之不已也"。如果这样的话，意味着程朱所讲的本体、万事万物生成的根据一定是有恶的。当然朱熹并不认为这个恶必须推到天理层面，他只是把恶推到气质上就停下了。然后说气是理所生，但是理又管不了气。然而按照颜元的推理，既然气是理所生，从气往上顺推，那么自然推到天理，就会说天道是恶的。当然颜元的说法有其背后的根据，即否认程朱的二分说，并一直往上展开推理。

此外，傅山也认为，"理之有善有恶，犹之性之有善有恶，不得谓理全无恶也"。意即，人有善恶，那么理就不是全善的，这一说法是与颜元相互呼应的。

还有一种说法认为，恶不是气质。这一说法构成了对程朱学派的反驳。周汝登是明代心学一派，他和颜元一样，认为程朱将人性二分且认为恶来源于气质的观点是存在问题的。因为把恶归结于气意味着把恶归因于天命。所以他说"言气质之性，则诿之天命矣"，他认为"言习在我，则可变化；言气质之性天付，则不可变化"。若气质来源于天赋，则气质是不可改变的。但从程朱一贯的立场看来，人要变化气质才能成为君子、成为圣人。

周汝登认为，若气质之性是变化的，那么天赋也是变化的。周汝登的学生问周汝登："人固有生而恶者矣，有教之而不改者矣……岂非昏浊？"意思是说，那些生来就恶的人和反复教化而不悔改的人是不是说明他们的人性是非常昏浊的？周汝登说："生而恶者，岂不知非？"即使是生而恶的人，他也知道什么是对是错，有是非之心。

到此，我们可以看到周汝登所言已经涉及前面所说的"根恶"问题了。孟子讲形色天性是不二的,所以不能把气质之性和天命之性分开。周汝登在此回应了孟子这一观点,他说:"形色如人像,天性如黄金,以黄金铸人像,则浑身无不是黄金……夫此黄金之体,圣凡皆同,惟其不知。是以有等驰求之士,慕圣非凡,而不知自身黄金,不用博金。又有等暴弃之人,咎己根性,而不知自身黄金,本贵本尊。"意思就是说,人性就像黄金,每个人其实都是黄金之体,圣人跟凡人是没有差别的,但是有的人就非要慕圣非凡,却不知道自身即金身。我们每个人根性都是一样的,我们的天性都是天赋的,而天赋一定是平等的,自暴自弃的人责怪自己天性不好,却不知道自身的尊贵。程朱理学主要是从天理的层面上肯定人性的善,而周汝登则从气质的层面上就肯定了人性的善。在他这里,恶的原因是人后天的习性。以往的理学往往会说"习气",习气连言,而周汝登则将二者区分开。当然,这就意味着气并非就是后天的、形而下的。

  总的来讲中国思想不会接受根恶的讲法,但是也不代表大家就能够完全接受人性本善。不过宋明理学对人性本善是非常偏好的。

  最后,我们讨论一下对"恶"的涵容问题。

  对"恶"的涵容,意思就是说有没有一种路径让我们去重新理解人的恶的祛除路径,或者说有没有一种理论能让我们在现实中、实践中都能包容恶,而不是把恶视为"过街老鼠",除之必尽。大概有两条路径可以探索,即"理有善恶"与"心无善恶",这两个路径并不是不相关的,而且前者可能最后会走向"心无善恶"。从这个意义上来讲,恶不是一种"中道"的体现。

  关于这个问题的讨论,我们还是要研究北宋的程颢。程颢认为,恶的由来与气关系密切,"但不是性中元有此两物相对而生",

即善与恶并不是人性中本来都同时具有的。他用原初水的比喻来说明这一点，就像从冰山源起的清流分出来另一条支流，一条清澈而另一条浑浊，但我们不能说水流在源头就有了清浊之分。同理，善与恶不是两个相对的东西。强调二者不是相对而生，其实是要说明：虽然恶也是人性，但是善更为根本，而恶不是根本。与此相应，程颢指出善和恶其实都是天地要覆载包容的，如果说天只覆载善的，产生善的，而不覆载恶，恰恰是天地有私、有拣择的表现。"事有善恶皆天理也。天理中物须有美恶，盖物之不齐，物之情也。""圣人即天地也。天地中何物不有？天地岂尝有心拣别善恶，一切涵容覆载，但处之有道尔。若善者亲之，不善者远之，则物不与者多矣，安得为天地？"因此，圣人不是偏私的，他既能包容善的，也能包容恶的。

王阳明给出了一个比程颢更加精彩的比喻，王阳明的弟子薛侃到花园里除杂草时问王阳明，为什么天地间善的东西难以培养，而恶的东西却难以去除呢？显然，薛侃的意思是，花是善的，杂草则是恶的。王阳明说："天地生意，花草一般，何曾有善恶之分？"为什么我们想观赏花朵时，就说花是善的而草是恶的，那么当我们需要用草时，草是不是就变成善的呢？这难道不是仅凭自身好恶来决定物的善恶吗？如果仅凭自己内心的成见来判别善恶，那么善恶就是无定的了。

之后王阳明就说"毕竟物无善恶"，我把他的观点概括为心无善恶、物亦无善恶。意思是，我们不能够用个人内心的主观意见去判定物的善恶，这样做得到的只能是人的意见而不是物的本质。主观的好恶成见也不是心的本质，本心是"无善无恶"的。综上而观，在程颢和王阳明的讨论中包含了一个非常重要的判断，就是我们一定要非常警惕动辄便使用道德善恶的价值判断去判定人或者物的做法，一旦把一个人或事物判定为善或恶、好或坏的时候，这个判定本身是本质化的，缺乏合理性。是动于气，而非合于理。

程颢还使用了另外一种方式谈论如何去包容恶的问题。他认为，"天下善恶皆天理，谓之恶者非本恶"，此处的"本恶"其实和前面提到的"根恶"意义差不多。当我们说一个人或事物是不是恶的时候，不是说他本来就是恶的，只是行为的过或者不及。比如说，勇敢本来是一个好的德行，但勇敢过度就是鲁莽；善良是美德，但善良过度就是愚蠢或软弱。正因此，他认为孟子所攻辟的杨墨二家也认为"非本恶"。

至此，我们需要深入思考一个问题：如果善和恶不是一体两面（不在一个统一体中）的话，何以能说去恶迁善？如果善和恶完全异质，没有关系，岂不就是善恶二元吗？完全异质的话，何以能说善可以战胜恶？以程颢的视角观之，无疑更认同第一种。

这里，我作一个小结：无法探究的恶。我们总是以一种道德的眼光去看待这个世界，但是这个世界能不能单纯地用道德的观念来看待，却是一个问题。善恶观念是否就是人类中心主义的极端表现，这也是一个问题。进而言之，归根到底，我们无法回答个别人为何选择善或者恶。我们在理学中也可以看到，当说人的气禀不好时就说他有恶。但是按照周汝登的讲法，气不是恶的，人之所以恶是因为在后天沾染了不好的习性，所以才是恶的。问题在于，当我们说人在经验生活中变恶的时候，如何解释人为什么选择那个不好的习惯，选择了恶而不是善？如果按照康德的观点，最终我们还是无法解答这个问题。所以我并不是说周汝登的讲法能彻底解决这个问题，他也没有解决。

最后还是回到孔子的这句话，"过而不改，是谓过矣"。这句话看起来和程颢所讲的"谓之恶者，非本恶"是相关的。所以我们说一个人不好的时候，他大概只是"过"了。但是这个"过"其实不是根本的，不是根本的恶，只要他能改过向善，还是好的。因此从儒学的意义上说，当我们去理解一个人是不是好人的时候，不能太纠结于他的本性，更重要的是看当他不好的时候能否改过。所以在现实世界中，人没有我们想象中那么好，也没有那么坏，可能就是"过"了。我们不要轻易用善、恶这种太过强烈的道德判断，"过"这个词可能更加合理、恰当。

孙 帅

刘增光老师提到了一些核心的关键词，像性、气、理等，还有"根恶"这个和西方人对于人性、对于恶的理解非常类似的概念。我主要讲一下西方思想中关于恶最典型、最具有代表性的理论。

莱布尼茨在《神义论》中区分了三种恶，第一种是物理的恶，亦即惩罚的恶。第二种是形而上学的恶，即所有受造物都具有某种根本或原初的不完满性或有限性。第三种是我们通常所说的恶，即道德的恶，或者说"罪"。奥古斯丁在《论自由意志》中试图回答恶的起源，他认为，我们在讨论恶的起源的时候，首先要区分遭受恶和作恶。按照这一区分，我们遭受的、被动的恶实际上主要是莱布尼茨说的物理的恶，而主动作出的恶则是莱布尼茨说的罪（即道德之恶）。我下面讨论的"恶"主要指罪。

在基督教之前西方有一些关于恶的经典讲法，比如希腊哲学家苏格拉底，他认为没人有意作恶，因为德性就是知识，没有人在真正知道一件事情是恶的时候还会去做。真正的知识和恶实际上是不兼容的，作恶一定是因为没有真正的知识，是因为知识的欠缺，把恶当成了善。新柏拉图主义认为，有某种绝对的恶，这种恶就是质料。绝对的善是太一，太一流溢出努斯，努斯再流溢出灵魂，流溢到最底端就是质料的产生。质料是整个流溢链条的下限，它不会再向下继续流溢了，因为它没有任何善，如果包含善它就还会流溢。就是说，太一流溢出来的东西都包含某种善，它们会像太一一样进一步流溢，而作为流溢最底端的质料由于没有任何善，所以是绝对的恶。新柏拉图主义是善恶二元论，但在某种意义上它对人持性善论，因为人的本性是灵魂，灵魂是善的，恶源于身体。摩尼教或诺斯替主义是另外一种善恶二元论，但也是某种性善论。摩尼教把新柏拉图主义的善恶二元具象为光明之神和黑暗之神、光明王国和黑暗王国。黑暗王国代表质料，它侵入到光明王国（每个人的灵魂其实都是光明之善的一分子），最后导致善恶混杂，光明陷入黑暗的领域当中。

　　无论是苏格拉底、柏拉图、亚里士多德，还是新柏拉图主义和摩尼教，实际上都是性善论，虽然新柏拉图主义和摩尼教讲恶讲得非常多。西方真正的性恶论其实来自基督教。不过在基督教这里，当我们讨论恶的时候，或讨论本性的善和恶的时候，首先要区分人性（human nature）的不同阶段。若指的是上帝最初创造的人，那他肯定是性善，没有任何恶。如果指的是最终得救之后的人，那也是性善。所以对基督教而言，人类本性的绝对开端是善的，绝对终结（圣徒）也是善的。而中间阶段，从堕落到得救，人的现实存在状态是性恶的，我们就是在这个意义上来讲性恶论的。之所以这么说，是因为基督教不同于摩尼教，也不同于新柏拉图主义，它认为上帝所造的一切都甚好，因为上帝是一个善神，而质料本身也是上帝创造的。上帝首先把质料创造出来，然后用形式加在这个作为造物的善的质料上面，质料不再成为独立于善的恶本原。质料不是恶的本原，因为基督教认为，质料虽然不具有形式，但它仍然是某种善，是不具有形式的最低的善。比质料更低的是 nothing，就是虚无。严格来说，没有任何东西本身是恶的，nothing is evil，我们找不到任何实体之恶，始终抓不住恶的东西。

问题在于，所有的受造物又都是从无当中造出来的。在世界受造之前，没有任何东西存在，除了上帝一无所有，上帝从无当中造了善的万物，这意味着什么呢？这意味着，从虚无当中受造的所有东西，在某种意义上都具有倾向于或者说陷入虚无之恶中的趋势，需要来自上帝的形式或善将这种虚无倾向扭转过来。问题在于，如果没有任何东西是恶的，那么恶是如何产生的呢？因为恶毕竟是现实的，每天都有人在作恶，我们每天都在遭受恶，那么恶的起源该如何解释呢？如果认为恶在实体或本原意义上不存在，那么该如何解释比如罪这种道德之恶？根据基督教，追问作为罪的恶，实际上是追问作为理性存在者的人或者天使，既然他身上的一切都是上帝造的，都是善好的，他为什么会犯罪？

最经典的回答是奥古斯丁奠定的。他认为实际上是人的自由意志选择去犯罪，这并不是意味着自由意志本身是坏的，而是说，人利用上帝赐予灵魂的善的意志去犯罪。罪是人通过意志自由犯下的，是意志自由抉择的结果，不是别人强迫的，也不是出于自然必然性，更不是出于外在必然性做出的，只有这样罪才是罪。比如别人拿着你的手偷梨子，这个罪是强迫你的那个人的罪，而不是你的，如果你没有犯罪的意志的话。由此我们看到罪或者恶已经不再与知识、理性和德性关联在一起理解，而是与另外一种人性力量，即意志结合在一起去理解。

奥古斯丁在《忏悔录》中讲他儿时的一桩罪，就是他小时候和一群伙伴去偷邻居家的梨子。他说他偷这个梨子，不是因为自己家没有，也不是因为这个梨子好吃。一般的恶，比如抢劫，实际上是为了通过恶得到某种善，即劫掠别人的财物。归根结底，犯罪是为了得到一个善的东西而背离至善。而奥古斯丁偷梨这件事最奇怪的地方在于，他不是为了得到任何善，甚至不是为了展现偷盗的技巧，而只是为了作恶而去作恶。所以，偷梨不是因为知识欠缺，不是因为不知道偷梨是恶的，反而恰恰是因为这件事情是恶的才去做。奥古斯丁为恶而恶的偷梨事件，实际上是对原罪的一种隐喻，其中起关键作用的是意志而不是理性。

可是，如果说上帝不给人意志，人就不会犯罪，那为什么还要给人意志呢？在奥古斯丁看来，意志本身在上帝的受造物当中是非常高级的善，有意志的造物只有人和天使，如果不给人意志，人将会沦落为一个较为低级的善，就和动物没有太大区别了。上帝不会为了避免人犯罪而剥夺意志这样一种高级的善。

意志最重要的特点是自由，这和理性很不一样。比如使用自己的理性，不管如何使用，哪怕通过自己的理性研究关于犯罪的知识，研究如何偷盗抢劫，这种对理性的使用仍然是善的。但是意志不一样，意志的使用，可以是善的，也可以是恶的。对理性的使用则必然是善的，否则就不是在真正运用理性。

意志和理性的另一个本质区别在于，意志是一种没有本质规定或自然规定的人性力量，可以用它来追求善，也可以用它来作恶，无论是向善还是向恶，向上还是向下，都取决于意志的自由抉择。所以奥古斯丁说，意志和石头不一样，石头无论向上抛还是向下抛，最终都会下落。因为石头有一个自然的朝向，这就是它的重力，受重力影响它一定是向下的。意志不一样，它可以向下也可以向上，而没有一种必然的自然力量使它一定朝向某个不得不朝向的方向。

在基督教看来，原罪之中的人始终有犯罪的欲望，这种欲望比具体的罪还可怕。罪最可怕之处不在于人已经犯下多少罪，而在于人始终没办法摆脱犯罪的欲望。中世纪有一个概念叫"罪的火绒"，这个随时可能燃烧起来的火绒始终在人性当中，人始终没有办法把这个东西从人性当中除去。这就是堕落之人的本性，就是罪性。正因此，人生在世始终深陷在罪的欲望当中。

奥古斯丁在《忏悔录》第十卷说，人生在世不就是一场试探，不就是一场诱惑或考验吗？他把试探分为三种，第一种是肉身的欲望，即追求与五官相关的快乐；第二种是眼目的欲望，即追求知识，比如说哲学这种出于好奇的知识追求；第三种是世俗野心，即想要被人爱、被人赞美，想要高过别人的骄傲。人生在世始终没有办法摆脱这三种欲望所带来的罪的可能性，始终面临永无止境的诱惑、考验、煎熬和焦虑，始终没有办法安顿自己的心性。

刘增光

我们一个讲儒家，一个讲基督教，应该能看到这两者的区别；一个讲人为什么有恶，一个讲人为什么有罪。我在最后归结说，其实恶不是真的恶，只是行为的过度而已。孙老师的讲法其实是人有本质的原罪，当然这是基督教的观点。可见这二者的差距是挺大的。但是这二者在很多地方也是相通的，比如说人为什么会有恶，基督教认为是人的自由意志的选择，在中国哲学里面，是因为人的心志，志就是人心之所向，这和自由意志是有关系的。

另外孙老师讲骄傲问题，说原初的罪是人的骄傲，是对上帝的背离。其实中国哲学也是这样，如果人认为自己比天高，或者可以不顺应天道去行事的话会受到天的惩罚。理学家和之前的儒学都强调天道的自然色彩，也就是说，人如果顺应天道，不违背天道的话就与天合一，成为圣人。比如，程颢认为圣人如天地，意思是说，圣人与天地一般大公无私。人不能违背天地，违背天地就是骄傲，就是人不自知，所以几乎所有的儒家都要讲自知的问题。人不自知就是自欺，刚才孙老师也讲到自欺的问题，自我隐藏罪恶就是自欺，这就是不自知，不能、不敢直接面对自己的那个恶。所以理学家无论是朱熹还是王阳明，都非常强调《大学》"诚意"一词，诚意就是无自欺。

孙老师说到不敢直面自身，我刚才也讲到，程颢的一些论点对后世的影响是非常大的，他思想的包容性或者张力也是比较大的。比如他强调，天地之间一定是有善有恶的，所以我们不要把恶的出现看作是突然的，或者看作避之不及的"怪物"一样。我们一定要接受它，才可能去改变它，如果你不接受、不正视的话，怎么可能改变？所以首先是接受和正视，因为善恶都是天地所要负载的。因此，他才强调说恶的存在其实是过度。儒家认为人性中都有善，我们可以顺应着善去充养和扩充。

（文稿整理人：李巧巧）

第六讲
互联网时代的工作与生活之反思

主讲人：原 理（中国人民大学哲学院副教授）

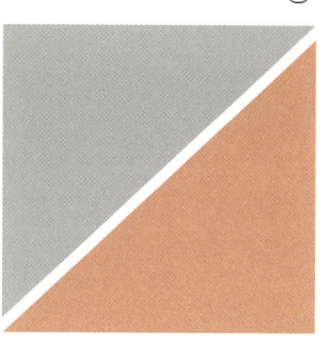

对谈人：滕 菲（中国人民大学哲学院讲师）

原　理

这个主题虽然和我们的生活很密切，但是又显得略微宽泛和笼统，因此，我们把对谈聚焦在自主性上面。

我是研究管理哲学的，我主要的研究方向就是跟工作相关的自主性，我今天与大家分享的内容是组织时间观和自主性。

为什么要选择时间这个视角呢？因为时间跟我们每个人都息息相关，我们每个人都生活在时间里，都在体验时间。物理学、哲学、社会学、心理学等众多学科都寻求过对时间的定义和理解。时间对我们而言，除了是一个客观的标尺，还是如马克思所说的，是我们人类作为人本身的一个积极的存在方式，它不仅仅是我们生命的尺度，更重要的是它体现着人存在的意义，是人发展的空间。而时间的观念，它不仅仅是一个客观的东西，更多的是一种社会的存在；它一旦形成以后，对我们的生活方式、行为方式、习惯等都有着一定的塑造作用或者说规制作用。此外，时间还是人们与自然和技术世界发生联系的重要介质，人们会凭借技术的手段来感知时间、测量时间；同时，特定时代的某一项主导技术的发展还会影响我们对于时间的理解。我主要关注的是在工作场所中我们对于时间的特定理解。

1930 年，著名经济学家约翰·凯恩斯在一篇题为《我们后代的经济前景》的文章中曾经提出过一个猜想，到了 2030 年，也就是当时的 100 年后，人们每周只需要工作 15 个小时就能满足个人的需要，接下来就会为如何打发剩余的时间而发愁。今年是 2022 年，距离 2030 年还有 8 年的时间，大家觉得 8 年之后，我们会达到凯恩斯所描绘的那个生活状态吗？我们目前的状态是什么？是马克·泰勒在《为什么速度越快，时间越少》这本书的开篇里为我们所描述的一个场景，同时也特别引起我的共鸣，就是无休止的电话和视频会议，通过各种微信群和邮件所下达的任务，扑面而来的大量工作把我们团团包围。与一周15个小时的工作量相比，我们现在的情况大概是一天15个小时的工作量，所以这和之前凯恩斯的乐观预计差别甚大。对于目前所处的这样一种状态，我们就需要去思考为什么我们会越来越忙而速度会越来越快？

接下来，我会带领大家去了解人们工作中的时间观的变化。农业时代的时间观是自然时间，工业时代的时间观是钟表时间，而目前数字化时代的时间观是当下时间。

农业时代的时间观很容易理解，日出而作，日落而息，因为在农业社会当中，人们的工作所依赖的是自然的规律，什么时候播种收割，什么时候出海捕鱼，什么时候放牧等，都取决于自然变化的节奏。在北京2022年冬奥会开幕式上，张艺谋团队给观众展现的倒计时的二十四节气的画面，让我们感受到了自然节律的美，令人印象深刻。但如今，真正依照自然节律工作的人却很少，而无论如何，这展示的就是当时农业社会中的真实状态，即人与自然相联结并依赖自然环境而工作。人们的工作是与自然紧密结合的，而且生活和工作之间并没有较大的人为区分，譬如，人们的日常生活是去放牧，而其工作也是如此。

进入工业社会，这种时间观发生了改变，它是一种钟表时间，以标准化为基础，以效率为导向。在工业社会进入机器化大生产阶段，效率就成了发展的一个关键词。弗里德里希·泰勒是科学管理原理的提出者，他提出的管理思想就是要以标准化、科学化的管理来代替过去经验的、主观的管理状态。泰勒被称为"拿着秒表的复兴英雄"，因为他在当时声称要拿着表去测算工人的工作时间，工人的每一个动作应该是什么样的，工人制作的每一个环节、制作出产品所用的最少时间是什么，都计算清楚，不能单凭工人口头保证自己的工作产量。所以，自此以后，工作可以用标准化的时间来衡量。然而，对工人而言，时间不再是由早上升起的太阳、四季的轮回变换、教堂的钟声等来宣告，而是以工厂的警笛或时钟来作标准，至此时间由管理者来决定，管理者为工人制定标准。同时，时间也不再是个人的一种自身体验、与自然的联结，而是成为劳动报酬的一个重要的衡量单位。时间就是金钱，这成为组织管理理论的一个基本假设。时间可以被压缩，可以被交换，可以被衡量，而提高生产效率就是要提高工人在固定的时间单位中的工作量。

福特的流水线管理，是机器生产时代一个主流的企业形象，这种流水线的发明和创造实际上给生产效率带来了大幅度的提高。但是人却从自己作主的工人或专家的地位变成了流水线上的一个机器零件。在当时，福特给出的工人工资，包括日工资、月工资，是同行业平均工资的两倍，所以吸引了大批工人，而这是以工人牺牲自己的自主性为代价的。福特宣称他希望工人按照吩咐行事，组织高度分工、环环相扣，绝不可能允许工人自行其是。在流水线上，工人是没有个性的，不需要去进行深度的思考，也不要带有情感，只需要配合流水线进行相应的工作，是对工人最本质的要求。

20世纪六七十年代开始，有了一系列的管理思想上的创新，有诸多新的管理理念被提出，包括企业流程再造、全面质量管理、时间竞争、经济生产等。所有在当时流行的管理理念，其内在逻辑均是将时间进行压缩，将流程进行精简，以此来提高管理的效率，要使生产过程、物流过程等比同行业竞争者更快，由此才能取得竞争优势。所以，自工业革命以来，人与时间的关系发生了重大的改变，也就是说，人们从一种以事件和事务为本的经济模式过渡到了一种以时间和效率为本的经济模式。在这样一种工业时代，工作时间和私人时间是截然分开的，这表现为劳资双方为争夺时间的控制权而进行的一种长期的斗争。劳动者希望工作时间缩短，但是资本家认为工作时间还可以延长，如果机器总是处于停滞状态，则会带来更高的生产成本，因此理想状态是机器24小时一直处于运作中。

经过劳资双方长期的斗争后，最终的结果就是8小时工作制。这最早是由欧文提出来的，其口号是"8小时劳动，8小时休闲，8小时休息"，并逐渐被各国法律所认可和采纳。

数字化时代的时间观是当下时间，以组织整体效率和反应速度为导向。移动通信设备的发明和发展，给组织的管理和人们的工作带来了非常大的改变。我总结了如下三种变化：

首先是越来越快，时间成为更为稀缺的资源。1912年，著名经济学家熊彼特曾提出过一个著名的论断，即"创造性的破坏"以及企业家精神。他总结认为，每过50年左右的周期，企业家都会对这个社会进行一种破坏性的、创造性的革新，在这样的时代浪潮中，一些落后的产业和行业就要被淘汰掉，新的产业和行业将要被创造出来。这样一个周期在如今看来慢得匪夷所思。当今的创新和改变是随时随地发生的，有些企业一夜之间就被竞争对手给淘汰掉了，如诺基亚、摩托罗拉、索尼等在当时看来实力雄厚的企业衰落的原因，并不是它们的产品质量不过关或者内部的管理效率低下，更多的是它们跟不上时代创新的速度。所以，对一些企业而言，时间成为比某些可见的资源更为重要的资源，也就是说，一个产品从创新理念的提出到制作一定要足够迅速，因为消费者和投资方都没有耐心，它必须更快地更新换代。因而时间不仅是金钱，还是企业进行生与死的选择；如果创新速度缓慢，企业随时可能消亡。因此，时间的稀缺性越来越开始凸显。

其次，对于组织当中的个人来讲的变化，则是越来越久的工作时间。在工业社会，当工作结束之后，时间就是属于个人的私人时间。如今，很多工作可以带回家进行，没有物理场所的限制，有了移动通信设备之后，人们可以在任何场所工作，诸如咖啡店、地铁、公共汽车甚至卫生间，即工作可以在任何物理空间中。除了工作时间变得越来越久之外，还有一项变化就是弹性工作制，似乎这会给予个人以更多的自由，然而事实并非如此，人们必须随时保持对接受工作的开放度，当工作任务下达，必须立刻作出回应，这意味着工作时间仍然在蔓延。

最后是越来越碎片化的时间。过去人们与机器相配合，一次只能做一件事，在农业社会也是如此。如今，人们坐在电脑前，可以同时进行好几项工作。例如，我在备课时，就被很多信息弹窗所打断，赶紧点击进去以防错过某些重要的工作信息，因此各种各样的工作就会扑面而来。所以，人们得不停地进行切换，而且过去被认为不可利用的、被浪费掉的碎片化时间在今天都可以转化为工作时间，诸如排队的时间、等餐的时间、电视节目中插播广告的时间等。因为工作不再像过去那样具有固定性，而是在任何时间都可以进行，所以任何一个碎片化时间都可以利用起来，甚至某些商家推出了带电源、充电设备的床垫产品，使得人们的休息和工作进一步融为一体。

对反馈和速度同时性的膜拜给组织管理和组织当中的人带来的副作用，就是关注当下，即组织策略开始越来越倾向于短期主义。最近一直在强调长期主义，正因为当下缺少这个东西，企业由于必须不停息地全速奔跑，不能弱于竞争对手，所以只能关注当下，它们制定的策略往往着眼于眼前的利益。而且，越来越关注当下实际不仅造成组织的短视化，从全球范围来看，组织的寿命也在迅速缩短。现今寿命超过三年的企业就已经算是老企业了。很多企业在创业的前三年根本坚持不下去，而且在最近两年，日本诸多百年历史的企业倒掉的速度极其惊人。

此外，也存在着组织成员认知的碎片化和自我意识的消解情况。人们对于多重任务的接受，已经越来越变成一种自发的行为，而不再像过去那样需要受他人监督。这有两个方面的原因：一方面是人们现在秉持着"爱拼才会赢""越努力越成功"的原则，这是优绩主义带给我们的理想或信念，人们相信只要努力就会带来好的结果，不努力很快就会被淘汰掉，只要几年不学习，很快就会被社会不断更新的技术和知识甩到时代之后，由此激励人们不断地奔跑和加速；另一方面是网络改变了我们的生活方式，手机已经不再是人们的一个工具，而是一个外置的器官，现如今的生活如果缺离手机将会变得很艰难。手机和我们的联结度已经变得非常高了，我们不由自主地就会随时看看手机、电脑、邮件和社交软件，看看会收到什么最新的消息，这已经成了人们的一种生活方式。因此，在看这些信息的时候，工作任务其实已经悄无声息地涌到身边了。

在工业时代，守时是为了配合机器而必须要做到的一个符合职业道德的事情，因为人们要合作、协作。但是，现如今不仅只有守时这个要求，还增加了及时，即要对信息及时地作出反馈和回应，否则会受人责难，尤其在实际的工作中这是一件很重要的事情。借用福柯的说法，这就是实时技术对我们的"规训"，让我们时刻处于与信息和技术的绑定之中。

我的主要观点是：从农业社会到工业社会再到如今，人们的自主性看起来并非如人们所想象的那么多，我们依旧被时间不断加速的过程所带动着。

滕 菲

原理老师从历史性来分析工作和人的效率的关系，特别涉及人的自主性产生变化的问题，此时，我的头脑中浮现着两个画面，一个是卓别林的《摩登时代》，另一个就是有着黑眼圈的程序员特别绝望的眼神。从工业时代到现在的数字化时代，似乎卓别林和程序员都处在相似的逻辑下，即我们工作的优化是效率的提高。我们从大机器的时代转变到数字化的时代，工作效率是提高了，但是，在工作时间内，我们并不一定全身心地工作，很多的时候都是在所谓的"摸鱼"，然后我们就会经常自责。数字化的生活、数字化的技术对我们吸引、不断地打扰我们。它导致的结果是我们工作效率的提高或者工作时间的增长，并不一定代表着我们休闲时间的增多。在生活当中，这种数字化的媒介，例如智能手机的使用，最开始在设计的时候是希望提高每个人的生活效率的。没有电子银行时，如果要取钱，一定要专门跑到银行去。现在却完全不需要这样了，只需要通过手机就能完成取钱。但现在的问题是，当打开手机想要查看一下账户余额，却会收到很多其他的推送消息，比如抖音、微博等。等我顺便看完这些消息后，可能才会想起要查询手机银行，在时间成本上我也差不多花了至少半个小时。这其实是我们今天所面临的一个问题：数字化的生活似乎是想要给我们节省时间，但却事与愿违。

首先是"上瘾"。我们经常思考，除了效率，数字化生活给我们带来了哪些改变，很多人认为是"品位"。在工作时间之内和之外，每个人可能都会忙着看手机上的内容。关键在于，往往不是一个APP给我们带来关于"品位"的问题，而是当我们的手机成为一个小的生态群，所有的东西都在一起的时候，就会给我们带来一个累加的"品位"。一个2020年作的针对美国人的调查报告，调查内容是一天一个美国人平均翻阅手机的次数——平均结果是96次。但不同年龄段不一样，像在年轻人群体中，高的可能会有150多次，少的可能会有50次左右，取一个平均值大概是90多次。

在这平均90多次中，是不是每次都是有意识地、有意图地去打开手机的？我想一定不是。我们经常会看到，在休息时打开手机已经成了一个习惯。这看起来像所谓的"上瘾"，比如称自己有"网瘾"，但其实我们大部分时间是在习惯和"上瘾"之间来回游走。接下来，我们看一下"习惯"和"网瘾"之间的区别是什么。"习惯"就是在一些特殊的情境下经常会产生的一些无意识的行为，比如可以不用想而直接打开手机看。而"网瘾"，体现为我们在使用网络的时候会丧失一种时间感，比如在刷抖音短视频时，不知不觉半个小时就过去了，或者时间更长。如果某天忘记携带手机或者电脑不能正常运行，就会让自己焦虑或愤怒。这种焦虑可能是因为无法完成今天的工作，也可能只是因为没有办法去连接网络。这也表现为，需要购买更先进的移动通信设备，尽管实际上可能并不需要。此外，就是当沉溺于网络世界当中，会产生孤独等负面情绪。这些都是网络或者数字化生活让我们"上瘾"的一些表现。同时，我们可能会因为沉溺网络未能完成当天制定的目标而自责。这并不都是个人的原因。很多产品在设计的时候，它本身的目标就是试图养成用户的习惯。通过这样的依赖性，它才能获取利益。现在诸多APP都是免费的，可以想一下它们如何盈利，如何获得更多的关注和用户，如何推送一些广告并从中获利。所以每种产品在设计之初，都想要获得用户的关注。《上瘾》这本书表现的就是这样一种逻辑，即任何产品在设计的过程中是如何实现让用户"上瘾"的。每一种产品的设计者在最初都有一个意图，就是让产品不断地吸引用户，让用户和产品彼此之间产生一种"恋爱"般的感觉。这本书整体上都在详细解释"上瘾"：技术设计的初期在于触发用户对产品的喜爱或好奇，任何一个比较成功的APP，起初都是着眼于人们日常生活中的一个痛点，比如刚开始人们打车比较困难，然后打车类APP的推行使得人们可以很方便地打到周围的车，方便出行。再举一个例子，通过现在的网络社交软件，可以和目前无法见面的亲朋好友进行及时的信息沟通。这是最初每一个设计的起点，让用户产生好奇进而尝试使用，在尝试使用的过程中会给予用户很多回馈，比如打车类软件在刚开始时会给予新用户一个红包，在这样一个循环过程中，用户被不断地激发继续使用该设计产品。但是，现在我们发现诸多APP会有很多新的功能，它通过获取用户的关注并给予其相应的回馈，由此让用户继续使用该产品从而最终获利。在这里，我并不是想解释"上瘾"是如何形成的，而是想表明所谓的"上瘾"并不完全是用户个人的责任，因为产品在设计之初就包含这样的意图。

这种意图往往会对个人生活的自主性带来一定的威胁，本以为这些APP是方便生活的工具，而实际上我们却成为运营者通过这些APP来获取我们注意力的工具人，即成为客体。这样一种过程给我们的生活造成一种威胁，是因为我们作为道德主体，要通过工具来实现自己的目标，这是一种理想状态下的自主性行为。但在这个过程中，起初我们以为它们是工具，但实际上它们裹挟了我们的目标，也就是说我们的任何行动与最终我们想要实现的目标并不能达成一致，由此，我们就陷入了两难境地。如果意识到了这个问题，那该怎么办，要把这些 APP 删除吗？这好像又不行，因为确实对生活造成了不便。如果不删除的话，可能又陷入不断循环的"上瘾"状态。有一本书，叫作《上瘾 500 年》，它是一本小的历史书。它解释的是烟、酒、糖、茶等容易让人上瘾的东西在历史中是如何流行起来的。现在的手机上瘾和原来的对那些物品上瘾是不是一样的？比如咖啡，在早期美国为什么会流行，因为它非常便宜，甚至人们只要到市场买东西就能免费喝，喝久了人们就会很喜欢，然后成为习惯，并逐渐形成市场。使用手机 APP 也是这种情况，例如共享单车最开始几乎是免费使用，然后慢慢地养成了使用的习惯。但这种手机成瘾或者说数字化成瘾和原来的不一样，比如喝咖啡、喝酒成瘾了，在付出一定的努力后可以戒掉的。但是，我们能够逃脱掉这种数字化的生活吗？也许可以下决心删掉所有的手机 APP，但是工作的时候需要它们来联系别人，最终还是逃脱不掉。

我举个例子，我的博士导师是一个非常倔强的德国大叔，他一直坚持不用手机，到现在他都没有手机，他的理由是不希望在不想被别人找到的时候被找到，如果在办公室或在家，别人可以随时给他打电话，如果不在这两个地方，他就不希望被别人找到。我非常崇敬他这一点。但到后来，因为我要和他进行邮件沟通，他就自己买了一个 iPad，然后就邮件秒回我。在欧洲这样以邮件作为工作、交流的主要方式的环境下，这种情况是可以的。但如果把他请到中国来待上半年，我不知道他会不会放弃不使用手机的想法。我觉得在中国不用手机太难了。用这个例子是想要说，为什么手机成瘾和原来的那些上瘾是不一样的，这是一种我们逃不脱的时代大框架。这就是我想说的一个话题。

现在进入第二个话题，即信息的过滤和价值的过滤。我们通常认为，自主性表现在我能够获得更多的信息，或我能够表达更多的意见，数字化生活确实给我们带来了这样一种可能。我们有自由地掌握信息的能力，我们想获得什么信息都能在网上找到。但由于信息的爆炸，我们每个人都在产生数据信息。在我们的生活当中有太多的信息，我们可能没有办法关注到所有感兴趣的问题。比如，在美国，很多年轻人把 facebook 作为获取新闻的一个主要途径；在我们这里也有类似的情况，比如我们用新浪微博，很多新闻是从那里刷到的。主流媒体和新的社交媒体之间存在着非常大的差别，差别就是原来我们只是看晨报、晚报，所有人看到的报纸都是一样的，没有区别；但是在现在，每个人看到的信息其实不一样。从 2009 年开始，大数据通过个人的搜索历史就可以预测这个人大概是一个什么类型的人、大概会喜欢什么样的东西。所以到后来，个人所搜索的东西产生出来的无论是信息还是价值观，都完全符合个人的喜好。比如，如果预测到你是一个环保主义者，在气候变化的问题上给你推送的信息就都是与此相关的；如果预测到你是一个气候变化的怀疑者，则会给你推送一些与气候变化相反的信息和观点。这其实代表着一种隐形的新的互联网逻辑的革命，这说明我们每个人获取的信息都不是统一的，是不同的、个性化的，互联网通过个人的数据分析来着眼于个人的喜好，在之后的过程中不断地推送和个人的喜好相关的东西，即不断地强化个人所喜欢的东西。

2011 年，有一本畅销书，我将其书名大概地翻译为《过滤泡沫》。书名的含义是恶性化的推送信息会让我们每个人都生活在一个特殊的被过滤的环境里。在这里，大家可能会质疑，之前每个人所关注的东西都不同，自己也会去忽视一些不喜欢的东西，现在的情况与之相比，又有什么不同呢？这本书列举了几点不同：首先，根据个人的喜好和搜索历史，会给予个人独特的推送信息，这是一个特殊化的"泡沫"，结果就是每个人都在获取与自己喜好相一致的内容，每个人获取的内容都不一样，而且这是隐形的。生活在这样一个"泡沫"当中，个人是感受不到信息是被过滤掉的、被拣选过的，这也不是个人自由去选择的，我们可能会误以为我们搜索到的东西和别人所搜索到的是一样的。这种情况向我们缓缓走来，而我们却迷失在其中。这种算法技术给我们的认知带来的威胁就是——它按照个人的喜好来定制个人的世界，就好比我们会看到的买家秀和卖家秀之间的区别，或摄影师所拍摄下的场景与你实际看到的场景之间的区别。它似乎是一个滤镜，让你看到你想要看到的世界，会改变你的认知。这最终可能会给我们带来很多问题，我们往往想要走向我们所喜欢的生活和构造所喜欢的圈子，这是一种内驱力，而算法技术不断地对其强化。比如我最近看到的新闻说，迪士尼要构造一个真实的社区，为所有迪士尼的粉丝提供住宿，让其生活在梦幻世界里。这会让人们走进一个乌托邦，这是人们自己选择的，但人们看不到其余的选项。这种现象对于个人的影响就是会不断强化和重复自己的渴望和喜好，减少与其他事物的联系，但是人的创造力往往是在这种张力当中获得的。

从社会的角度来说，我们所谓的公共领域几乎是消失了，每个人可能都在一个特定的圈子里面，成为一个多元的、平行的信息的孤岛。发展到极端情况就是，人与人之间没有直接的信任，不能够把不同观点的人聚集在一起来讨论公共问题。但在"过滤泡沫"的时代中，是不存在这种情况的。比如在美国大选期间，在facebook上的讨论会带着很多情绪，越是极端负面的情绪反而越能获得人们的关注，这让社会走进多极化的境地。碎片化的阅读，也会让我们进入后真相的时代，因为我们可能更多地在关注情绪而非事实真相，这让我们似乎非常舒适地生活在乌托邦之中，然而我们与事实和真相的距离却越来越遥远。

　　对自主性而言，如果我们借用罗尔斯在《正义论》中所说的基本善，这指的是无论哪一个人都有想要达成的目标，不管这个目标是什么。而这个基本善是每个人都需要的东西，这通常是指基本人权、机会平等、收入和财富等。在现代，根据罗尔斯理论的拓展，有学者认为信息也应该成为基本善的一个内容，因为信息是帮助我们理性地规划我们的生活，并充分参与到社会生活中的重要的基础。而之前讲到的，无论是"上瘾"还是算法技术，都过滤掉了我们生活中原本应该有的信息，这其实是影响了我们对于这种基本善的获得，从而影响到我们自主性的判断和价值观的涉猎，这是一种威胁，是对人的行动的影响。人的自主性通常是，我设定了一个目标，然后我有能够去追求和实现这个目标的能力，而有时候如果实现不了，就用某种技术来帮助我们实现，比如数字化技术就帮助我们实现自律。如果有人想戒烟、想多学一门语言、想健身等，就可以下载相应的APP来监督自己。但这背后往往有一个逻辑，即尊重我们的自由以促成生活的改变。通常情况下，我们叫"劝导技术"，在技术背后往往蕴含着一定的价值目标，比如在超市里健康的食品会放在与视线平行的位置，方便更多的人选择。对于这些APP，情况也一样，如果某一天人们没有去积极实现之前制定的目标，APP 就会给出相应的提醒。这种数字化技术下的自律和自己去实现制定的目标，是一样的吗？或者说，劝导和操控之间的界限是明晰的吗？

原 理

滕菲老师所讲的，那些制造用户习惯的、"过滤泡沫"的，大多是"996"的程序员，其实这些人加班是最严重的，他们绞尽脑汁去研究如何培养用户的习惯，如何给用户推送想要的东西。

在管理学的领域谈论自主性，在工作上面的自主性就是员工对于工作内容、工作方式、工作进程等进行一种具体程度不同的自主的把握。无论看管理的实践还是管理的理论，都会发现管理的理论在 20 世纪 90 年代以后逐渐强调员工的自主性，要给员工赋权、给予信任、多一些主动选择。这真的是出于对员工的关爱？即想让员工自由全面地去发展，还是一种策略性的调整？其实，更多的是策略性的调整。自 20 世纪 80 年代后期以来，蓝领开始减少了，白领增加了，也就是德鲁克所说的，这种知识型员工越来越多了。对于这种知识型员工而言，他们的工作内容在改变，不是从事计件式的工作，而主要是从事需要创造力的数字化的工作，比如学生所写的论文，那导师是不是可以给学生定个标准，要求学生每天写 2000 个字就能毕业，这当然不可以。论文的字数可以规定，但论文需要的是学生自己的思考、想法以及论证逻辑，而这是不能够通过打字来完成的。

德鲁克提出了"目标管理"，即与其将我们当作监工一样来管理，不如将重点放在制定目标上来让员工认同，并将其作为员工内在的动力，最终使员工积极地工作，这才是一个最佳的状态。这就是让员工认为给组织打工和给自己工作是一回事。这是提高白领或知识型员工的工作效率的最好方法。另外一方面，在组织领域讨论自主性，不是滕菲老师所说的个人自己去做抉择，自己来决定自己。在组织当中谈论员工的自主性，是要与他们的工作内容、企业的目标相契合、相匹配。某些企业的福利条件特别好，比如谷歌公司，员工上班的时候可以带宠物、喝咖啡，甚至可以看电影、做瑜伽，但这是不是意味着员工可以一直做与工作无关的事情？员工偷懒一会儿，看看手机上的信息，确实允许。如果员工一直在做与工作和企业目标无关的事情，那么最终将被裁掉。企业的优厚待遇不是提供给个人的，而是与组织本身的性质高度契合。所以在组织当中谈论自主性，首先是由于工作的变化，如果是白领员工，那么这种自主性是必不可少的，这是一种策略性的调整；其次，个人的自主性是在组织目标的前提下，否则这种自主性就不是完全赋予个人的。

滕 菲

结合原理老师讲述的内容，我想到了一个词，就是"管理学的原罪"。管理学最终追求的是组织的效率，而不是把个人的自主性、个人的感知作为基础。我所分享的部分，关注的更多的是我们个体的自主性在这种数字化的生活当中被逐渐消磨掉的现象。"self-governance"首先意味着，你可以给自己设定不同的价值观，而不受任何外力的影响，比如在组织里面，个人的自主性并非真正意义上的自主性，而是处在组织整体的框架下的。

如果抛开"管理学的原罪",从个人的视角来探讨的话,无论想要确定什么样的价值观,都是个人的选择,而非受到外力的强制。在选择了你所认为正确的人生观、价值观之后,你有能力去掌控自己,去追求和实现这样的目标。这是作为成人所能够达到的。对于儿童,很难说他们有这种自主性。如果父母认为孩子的做法是不对的,而孩子却要坚持自主性,那和我们所理解的自主性是完全不一样的。

对于成年人来说,有自控能力,这是作为一个成人的基本特征。当然,有人可能会说,我就甘愿当工具人,就想被技术所宰制,这也算一种价值观,可以允许这样一种视角存在。根据康德的理解,即人永远是目的而非手段,这涉及人对自己的责任。当然,人有没有对自己的责任,在多大程度上对自己负有责任,这是一个可以争论的话题。我比较赞同的观点是,如果我们认为我们作为人不是一种工具,不是作为一种手段,而是作为一个最终的目的,这其实是一种内在的价值并为所有人共享。这种内在的价值要求我们要尊重自己,并从中推导出我们对自己的责任,所以当我们面临对技术不断上瘾的情况时,不仅要追求对技术设计的革新,也要肩负起对自己的责任。此外,在这里也谈到了一个我比较关注的问题——我们在工作和生活中往往会对自主性进行消磨,这究竟是因为什么?

原　理

我们在工作中的自主性的逐渐丧失,马克斯·韦伯早就进行过思考,他认为现代化社会实际上是一个不断理性化的社会,更确切地说，是工具理性在不断地增强，而价值理性在不断地衰减的社会。

工具理性强调的是可以计算、标准化、高效率，这跟现代社会的基本逻辑是一致的。对于价值而言，我们总是追问意义、是非对错等，这种东西在现代社会由于"祛魅"的过程，逐渐地多元化、个性化，就像滕菲老师讲到的，每个人都会选择自己所倾向的那种价值，结果很难达成共识。能够达成共识、提供标准的是工具理性，这促使我们很快能够达成一致，因为可以通过计算的手段来实现。工具理性逻辑的不断增强，使得我们的生活越来越高效。高度的配合、人性化的消除，使我们的生活特别有效率，但是慢慢地形成了马克斯·韦伯所说的"理性的牢笼"。

我们给自己制造出了一个巨大的牢笼，我们每个人都在享受着现代社会的便利，我们要付出的代价就是必须成为这样一个巨大的机器中的一个零件，即要牺牲我们的自主性。在工作当中付出的自主性可以在生活当中得到归还，比如一个人虽然忙碌了一天，但是可以享受到高效率的物流服务等的生活便利。相对于整个社会大机器，个人只是一小部分，个人自主性的丧失所获得的回报是很好的物质条件。从另一方面来说，对于这种自主性的丧失，个人很有可能意识不到或者是心甘情愿地丧失，比如赫伯特·马尔库塞在1964年《单向度的人》中所表达的看法，现代社会技术的发展、消费主义的盛行，给人们制造了很多虚假的需求和虚假的自由，比如，我们有时候需要的只是一部手机而并非每次都要去购买最新款，女生只是需要一支口红而并非要求所有的色号。然而，舆论媒体和广告不停地向人们传达"你值得拥有""要对自己好一点"等信息，这逐渐地会让人们误认为自己确实需要这些最新的产品。个人可以通过勤奋和努力购买到想要的产品，由此换来了和社会上其他高阶层的平等，这是个人的自由选择。实际上，这并非真正的自由，并不是个人真正自主选择的一种生活方式，但是个人又非常享受这种生活方式。这种逻辑塑造成了赫伯特·马尔库塞所描绘的"单向度的人"，人们有着同样的价值观，似乎磨平了阶层的差别，认为这种消费与享受是正确的。

再举个例子，高考报名时，很多家长关注的是"什么专业毕业后好找工作"；专业是与工作挂钩的，入学之后学生会问老师"怎样学习才能够保研"。因为有了一份好的工作，收入可观，就可以实现经济独立，就能有好的生活条件，这种逻辑是每个人都认同的，都在朝着这个方向努力，这就是"单向度的人"的表现。

滕 菲

我非常赞同原理老师的观点，在现代性的框架下，人们似乎有很多选择，但都是虚幻的。就好比我们在网上能够买到所有的东西，但信息一旦变得很多之后，我们往往沉浸在某些明星的直播带货中，看看这些明星在推销自己喜欢的什么产品。

针对原理老师提到的现代性的框架，我想补充一点：技术本身也在推动现代性的完成。在20世纪90年代技术比较泛滥的时候，我们也认为技术是一种相对中立的工具，是因为我们滥用技术所以才造成了负面的影响。但在如今，技术在设计之初就蕴含着特定的价值，对此我们可以接受，但不能接受的是，这是被一些特定的群体来替我们确定下来的。20世纪80年代，技术哲学家兰登·温纳在一篇题为《技术是不是有政治？》的文章中提到，我们在设计技术的时候往往会带入特定的价值观，比如在美国纽约州所设计的一座联结城市与一处景观的桥只能走小汽车，这其实在设计之初就有种族歧视的价值在里面，因为在那个年代只有白人才有钱买小汽车或才能坐上小汽车，那些社会地位低下或收入低的人只能坐大巴车，而大巴车无法驶向那处景观。这就是特定价值在技术设计之中的体现，这种现象同样延续到数字技术那里。

从技术哲学的视角看，我们知道特定的价值会蕴含在技术之中，因此，有些学者就提出，技术设计应当包含着多元的价值而不仅仅是商业巨头或技术设计者的价值和利益的体现。在技术使用的过程中，往往会出现技术无法达到人们目标的情况，因而相应地也需要一种反馈的机制，所以欧洲社会主张"负责任的创新"。《数字极简主义》这本书，主张将手机只当作工具，尽可能地删除掉不必要的 APP。我并不特别赞同，正如原理老师讲的，我们在很多时候是删除不了的，只能是有意识地对"上瘾"进行控制。

原 理

我比较悲观，因为全面且系统地增加自主性可能需要社会整体的改变，而并非仅仅依靠个人的改变，个人很难从社会组织当中抽离出来。当社会组织相当发达的时候，个人如果与其抗争，这只是个人所获得的自主性。比如在英国产业革命时期，无数的英国工人走到工厂门口把时钟和机器打碎，觉得是因为它而使得生产效率不断地提高，造成了工厂主对工人的剥削。但是，今天我们要打碎什么？像滕菲老师讲的，尽可能让更多的利益相关方进入技术的设计中，使之多元化，但我觉得还存在着一个问题，即信息的不对称。由于普通个体和技术专家之间的信息不对称，很难让普通个体介入到技术的设计之中。此外，管理哲学也涉及"负责任的创新"这个问题，但技术层面存在着伦理上的模糊性，比如企业对用户的使用习惯进行培养，这构不构成一个伦理上的问题，这应当遭受谴责吗？还是说这只是一种商业上必不可少的经营模式，出售任何产品可能都要培养用户的使用习惯，不仅仅局限于数字化的技术。我不知道在实际情况中如何应对这种伦理上的模糊性，此外就是个人如何应对社会组织从而获得自主性的问题，所以我比较悲观。

（文稿整理人：张浩楠）

第七讲
正义与优绩的是非之争

主讲人：田　洁（中国人民大学哲学院副教授）

对谈人：朱慧玲（首都师范大学哲学系副教授）

田 洁

朱慧玲老师非常熟悉桑德尔的理论，如果在中国要找出一个对桑德尔理论最为熟知的人，就应当是朱慧玲老师。她在哈佛大学访学的那段时间前后，桑德尔接受了大量的访谈并出版了一系列著作探讨"优绩主义"。所以我认为朱慧玲老师对于我们要讲到的桑德尔的思想能够进行最为完整和精确的呈现。

朱慧玲

首先我来介绍一下优绩主义。大家看到"优绩"与"优绩主义"这两个词可能会觉得有些陌生，在我们对正义相关术语的了解中，似乎是没有这样一个概念的。我们听说过自由主义、社群主义、共同体主义等术语，但面对"优绩"和"优绩主义"反而会不明就里。这些确实是比较新的词汇，国内引进此词是源于桑德尔的新作《精英的暴政》，我在访学时他还在撰写该书，每周五晚上的晚餐研讨会我们也会讨论与之相关的话题，所以这对我来说也是较新颖的主题。在国内，最早提到这个词的是刘擎，他在《2019 西方思想年度述评》[1]中最早提到了"优绩主义"。我在回国之前与桑德尔进行了一次访谈，这次访谈经我整理后发表在《哲学动态》上，在其中我翻译"meritocracy"时选择的是"贤

---

[1] 刘擎：《2019 西方思想年度述评》（下篇），《学海》，2020 第 3 期。

能"一词，我当时也对如何更好地翻译该词心存疑惑。因为当我们提到"meritocracy"时，第一反应就是"贤能政治"。像研究中国哲学的贝淡宁或白彤东第一反应也均是贤能政治或曰贤能主义。我最早与桑德尔讨论这一问题时也有些困惑，我发现我所想的与他所讲的是两种事物。后来他也专门同我有过一次讨论，也就是"meritocracy"在东西方的含义是不同的。我和他说，中国人或是传统中国哲学对"meritocracy"的理解是关涉于政治治理的"贤能政治"，它指涉的含义是我们在选拔官员时对他的能力与品德所作出的评判，即他所应具有的美德与才干。我认为这一点是无可厚非的，便疑问他为什么还要写一本书来反对。他解释说，西方社会的"meritocracy"是一种在"分配正义"领域之中的讨论，传统东方更偏向政治性的选贤政治观点在西方社会并不是用"meritocracy"进行界定的。

其实比较讽刺的是，"meritocracy"最早是由英国社会学家迈克尔·扬在1958年出版的著作《优绩主义的崛起》中使用，彼时它是以一种贬义的形式出现的。这本书甚至有些像科幻小说，迈克尔·扬设想如果未来的人类迈入一种陷入"meritocracy"的社会，这将会是多么的糟糕。所以是他最早将merit和cracy合成为这个词，因此也有人将其翻译为"优绩制"。但我认为它不是一种制度，而是一种主张，如果翻译为与cracy相对应的"制度"，与institution类比之下，我认为这种翻译有些过于硬性，所以我偏向于"主义"这种译法。该词一开始出现时是被作贬义理解的，1978年罗曼·丹尼尔斯在《哲学与公共事务》上发表了一篇题为《优绩与优绩主义》的文章，他在其中开始讲"优绩"在分配当中所占有的比例应当更多，也就表明该词逐渐呈现褒义化倾向。由此，西方社会开始主张按照"优绩"来进行分配。

回到"meritocracy"在东西方的区分，它在西方更倾向于经济领域的分配正义中所具有的概念，而在东方则更偏向政治层面，指涉一种"贤能主义"。但在这一政治层面中，我也想为"贤能主义"与"精英主义"作出区分："精英主义"认为社会应当由一些精英阶层来进行统治，而这个阶层是拥有特权、财富及才能的少数人群，所以"精英主义"不会像"贤能主义"那样主张社会不同阶层的人可以根据自身的才能向其他阶层流动，它只会强调这一少数阶层就是精英，他们理应一直对社会进行统治。

经济领域的分配正义当中的"优绩主义"，是指在分配社会财富时，应当根据每个人的"优绩"来进行分配，"优绩"越多的人也应得到更多的财富和机会。这就与东方的理解不太一样，它不再是偏向于德性的概念，因为德性是难以量化计算的。优绩在分配正义领域当中的特征更类似于功绩或者成就，如果用后者来描述的话，就是成就的大小决定了财富的多少。所以在桑德尔的新书《精英的暴政》中也提到了如何界定成功与成就之间的关联。（这里顺便提一句，其实译者在这里将"merit"译为"精英"，我认为是与原意有出入的。但出版方因为担心优绩这个词对大众来说有些陌生，所以选择了大众普遍熟悉的"精英"一词。这同样体现在我所翻译的桑德尔另一部作品《公正：该如何做是好》上，其实我当时并不太同意将"justice"翻译为"公正"，这在当代政治哲学中是有出入的。但由于当时那门网络课程先于书籍出现，而有一些志愿者已经将其翻译为"公正"了，考虑到销量的情况，不得不选择了旧的译法。）所以在"优绩主义"中这个"merit"的词根就更偏向于现实的成就，它并不倾向于东方所强调的道德层面的美德。但其实它也不完全是剥离了道德层面的内容，包括罗曼·丹尼尔斯在内的优绩主义者在强调优绩主义时提出一个等式，就是"优绩＝才能＋努力"。我们一般理解的话，优绩就是一个人具备相应的才能，并且努力发挥这种才能所取得的成就。而这种优绩也是个人在社会资源分配时所具有的资本。因此，优绩主义基本上就是一种基于优绩的分配。在这里我要强调一点，我们平时所熟知的"merit"一般指优点或曰卓越的品质，这不是一种道德层面的概念吗？所以如前所述，它并不是完全摒弃道德层面，而是更多地偏向于个人通过自身努力，充分发挥自身才能所获得的成就。无论是桑德尔的《精英的暴政》，还是其他有关优绩主义的著作，他们在使用优绩一词时，也并没有完全认为这个词和德性没有关系，只不过是它更偏重于现实成就这一层面。对此，我认为这也是优绩主义需要改进的一点，也就是社会分配所基于的标准究竟是什么需要进一步明晰，这同样也是优绩主义广受批评的一点。

总的来说，优绩主义的第一个基本理念或特征是：社会中的物质财富和政治权力，要根据个体的才能、努力或是成就来加以分配，而不是根据出身、家庭财富或社会阶层来加以分配。个人在社会当中获得地位上升和经济报酬的机会与数量，与自己的努力和才能直接相关。进一步解释，即社会基本利益的分配应当基于"优绩"，表现为成就、智力、文凭、受教育程度等；人们在机会平等的条件下公平竞争，成绩优异者、获得更多功绩的人得到更多的分配。上述为优绩主义基本的主张。这种理念不仅仅出现在我们的文化中，在以英美为代表的其他国家同样盛行。例如美国强调奋斗就会获得相应的成就，越努力就会飞得越高；而在英国，诚如特蕾莎·梅所说："我希望英国成为这样一个国度，在这里，优势源自于功绩而非特权；在这里，重要的是才能和努力，而非你的出身、父母和口才。"而且在 2007 年，英国还宣布了优绩主义党的成立。所以这样一种具有激励性的理念是非常普遍的，我们从小便被激励"命运掌握在自己手中"，这也为我们框定了成功的路径。所以正如这些反优绩主义书籍封面上所展示的楼阶与梯子一样，它代表着一种上升的途径，一种社会的流动，一种对我们的许诺。它与精英主义的不同在于，这种理念许诺只要我们努力就能得到相应的奖励，这并不受我们家庭条件影响，只与我们的努力与才能挂钩。但为什么在近几年——尤其是2012年之后优绩主义成为当代西方政治哲学或伦理学中非常热门的话题，且大多数都集中于对该观点的批评呢？用桑德尔的话来讲，也就是成功者非常傲慢自大，失败者则非常自卑。首先，这种对立的社会心态对社会整体来说是一种撕裂，因而是一种负面心态。另外，失败者在自卑之外还会产生愤怒情绪，因为有一部分人并非不努力，而是时运不济。例如在经济全球化的进程中，一些工业小镇会因为产业链的转移而被时代所淘汰，其中很多人因此沦落社会底层时就会非常愤怒，一直以来的勤奋不仅没有得到社会的认可与帮助，还被社会群体以一种鄙夷的目光评判，所以会异常愤怒。从另一种维度来说，很多同学没有考上大学并不是因为他们不够努力，而可能是受到家庭条件、教育水平的制约。

  优绩主义在按照个人发挥了多少努力，造就了多少成就来分配给他相应的产品时，就会使得社会上普遍产生对立心态。

  优绩主义讲得很好很励志，只要我们努力且拥有才能，就能取得相应的成绩，获得相应的社会财富。但有些人就是含着银汤匙出生，先天具有优渥条件。贝克汉姆家的小七一定与普通人家出生的女孩是不同的，这把银汤匙代表着与生俱来的各种资源，这些资源会深刻地影响一个人的能力。所以不少批判优绩主义的著作都起名为"优绩主义的神话"，以此批判它是难以实现的神话。有反对者会认为恰恰是优绩主义贯彻得不够彻底，才导致在社会中还会存在家庭条件、先天财富的影响，我认为这种说法部分上有一定道理，但援引《优绩主义的神话》这些著作中的讨论，我们不可能完全消弭家庭出身对个人的影响，我们不可能将所有人都还原为出生时全部平等的理想状态，因为即使能够消除家庭财富、地位方面的影响，父母的知识水平与教育理念也是难以进行全部统一的。举例来说，广受讨论的"海淀黄庄妈妈"最早可以追溯到在国外出名的"中国妈妈"，后来韩国、日本的妈妈们也与我们差不多，因此发展成了"亚洲妈妈"，在国内则更直观、具体地体现为"海淀黄庄妈妈"。"海淀黄庄妈妈"为什么会成为如此特殊的一个群体，正是因为她们清楚自己是因循这样的阶梯走上来的。她们可能是从全国各地甚至社会底层靠自己的努力与才能迈入这一块"精英地区"，所以她们的教育理念以及对子女的投入一定是与国内其他地区有天壤之别的。父母的受教育程度与眼界对子女的影响是不可能被完全避免的，只要有这些因素存在，优绩主义的分配理念就不可能实现"促进社会阶层流动"的初衷。

在我们努力向上攀爬时，每攀爬一层都对我们的天赋、技能与德性有相应的要求，这些不是凭空得来的，尤其在当代社会下这是与教育密切相关的，这也就是我们为什么在高考时要竭尽全力去考取名校，因为名校代表着更优质的教育，教育可以使我们的能力得到更好的培养与提升，为我们提供无数发展的机遇。所以并不是像优绩主义所说的"只要努力就能获得成就"。这种成就所依凭的能力在当代恰恰是从教育而来。像桑德尔等人在讨论优绩主义时，他们恰恰是通过类似高考的形式首先获得了优质教育的机会。我还在哈佛大学访学时，哈佛大学曾经发生过一起招生舞弊案，因为哈佛在招生时不完全看 SAT 的成绩，也会综合评判考生各方面的能力（因此在国外其实也很"卷"，一些中国学生会选择学习曲棍球或担任志愿者等方式进行加分），所以很多家长会花钱贿赂体育老师或特长老师给他们的孩子加分，在这起案件中衍生出一个新名词——"走边门"。有的人甚至都没有相应的特长，但就是能通过贿赂等方式让机构或老师为他开具相关证明，然后他就能凭借这份证明获得加分，进入理想的高校。这件事引起了广泛的讨论与反思：为什么这么多家长宁愿冒着犯罪的风险，也要把孩子送进哈佛大学、普林斯顿大学等常春藤学校，这其实与优绩主义的理念是有非常密切的关联的。我们可以举"鱼跃龙门"的例子来佐证社会底层能够通过教育实现阶层跃升，因此这种行为不难理解；但正像桑德尔在书中的数据所显示的，常春藤大学的学生家长大部分也都来自社会上层，属于精英家庭。这一方面回应了之前所提到的家庭财富状况决定孩子的受教育程度，反过来也会印证优绩主义在这方面是有缺陷的。总体来讲，在知名高校中，平均的学生家庭背景都处在社会中上水平，仅仅靠努力是不够的。

即便我们再努力，也无法完全摆脱这些家庭因素的影响。而如桑德尔所说，一旦我们读过名校之后，学历便成了一种筛选机器。目前在招聘市场中，很多低学历的简历根本就投不进去，如果来自一所不太知名高校的学生看到在与名校一同投递时，他可能会直接选择放弃竞争，这是一种很真实的社会现状，它不仅仅出现在招工招生中，也会出现在相亲市场等情景中。因此当这种文凭主义出现时，社会的流动会越来越困难。例如本来一个非常有能力的人仅仅因为一些原因高考发挥失常，那么他此生很难再找到翻身的机会了。所以这种筛选机器的产生会同文凭主义与家庭背景紧密结合起来，使得优绩主义这种原本初衷在于促进社会阶层流动的理念反而成了阶级固化的象征。因为就整个社会的评价标准来看，尽管是根据个人的努力与才干所带来的成就进行评价，但在这种成就之下会有很多非可控的因素影响。

因此种种，很多人会选择质疑努力的价值。所以目前"躺平"成了热点词汇，桑德尔对这个词也非常熟悉，我从他那里得知了"躺平"的英文翻译"lying flat"。与之对应的概念是"蜂鸟效应"，也就是要不停地奋斗，不能有丝毫停歇，一旦停歇就会"掉"下来。

从我个人的理解来谈，我认为还需要考虑的一点是：优绩主义为什么能在有如此多问题的情况下成了中西方社会中一种非常流行的观点或理念？这代表着它一定是契合了我们的部分需求，因此我们才能够对此表示接受与认同，甚至将它当作一种激励。这个层面恰恰是上述批评者没有提到和深入考虑的。我认为在批评它的同时，也应该分析一下它究竟抓住了我们何种心理或契合了我们何种需求。在我看来，它是契合了我们作为个体对人的"卓越性"之追求。我们在面对天赋异禀的成功者获得高额财富时，内心是心悦诚服的，例如迈克尔·乔丹等。诚如优绩主义者托马斯·莫里根所讲，这种理念是契合了人们天生对基因不平等的认可。人们并不会认为爱因斯坦获得那么多的荣誉对他们来说是一种不公平，恰恰相反，他们会非常崇拜他并在内心中也非常希望成为这种卓越的人才，所以从古至今都会对那些有德性和才华的人非常欣赏。

另外，桑德尔在面临一些批评时，对优绩主义对个人与社会不同层面的影响进行了区分。他认为个人的努力和奋斗是值得提倡的，他并不号召大家积极"躺平"与放弃努力。他真正担心的是整个社会在完全以优绩主义的精神进行社会财富甚至政治权力的分配时会导致的宏观性问题，因此为了避免误解他作了这样一种区分。就个人成功经验来讲，努力依旧是起作用的，优绩主义并非一无是处，但要是在社会层面过度提倡就会造成结构性的问题。我作一点与之类似的补充：桑德尔在《金钱不能买什么》这本书中并不是单纯反对自由市场，只是反对将市场交换的逻辑应用到社会的各个层面，使得社会成为一种"有钱能使鬼推磨"的市场社会。当所有东西都可以被买卖时，就会导致富人对穷人的绝对压迫。这就与他对优绩主义个人与社会层面的区分是类似的。

第八讲

企业伦理与企业社会责任

主讲人：原　理（中国人民大学哲学院副教授）
对谈人：张　霄（中国人民大学哲学院教授）

原　理

商业伦理和企业社会责任是我和张霄老师近几年一直在关注和研究的领域，又是一个很好的能够聊起来的话题，所以我们就选择了它来作为本次对谈的主题。张霄老师将从宏观的层面向大家介绍商业伦理是什么，为什么会有商业伦理；而我将从企业是什么、为什么会有企业、企业该如何承担社会责任等几个方面来和大家分享。

张　霄

商业伦理和社会责任的话题，是最近几年我们共同在做的一项研究和教学工作。我首先想从企业伦理学出现的历史背景开始讲起。现代企业伦理或企业社会责任研究，大概肇始于20世纪70年代的美国，属于应用伦理学领域。最早的应用伦理学研究在美国大概是始于20世纪60年代，叫"生命伦理学"。

"生命伦理学"首先是从医生的职业道德开始讲起的。为什么要讲医生的职业道德呢？二战时，纳粹对犹太人进行了惨无人道的迫害。在这个过程中，有很多德国的医生做了许多很不人道的实验。纳粹失败后，这些医生就被告上了法庭。然而，有些医生为自己辩护：这一切与自己无关，因为我只是服从上级的命令，如果我拒不服从，我可能会丧失工作甚至生命。所以，大家就开始关注一个问题，即每一种职业是否有它所应当遵守的职业操守和伦理精神，这种职业操守和伦理精神是否超越政府和民族、国家？比如，在古希腊有希波克拉底誓言，一直延续至今，它都对医生的行为提出要求。不过，仔细看一下誓言的内容，就能知道当时的医生职业道德状况，如不能到别人家里去关心别人的私事、不能跟别人的配偶勾搭、不能偷别人家里的东西、不能向外界宣布病人的病情、要保护病人的隐私等。希波克拉底誓言主张医生不应该如何如何。

现代的医生还需要遵守两千多年前古希腊医生所提倡的誓言吗？所以，生命伦理学或者与此相关的医学伦理学首先考虑的问题是，医生的职业道德在现代应该特有的伦理精神，而且这种伦理精神是要超越政治、民族和国家的。20世纪60年代，生命伦理学、医学伦理学主要从医生的职业道德开始逐步发展起来。紧接着的，就是在20世纪70年代出现的商业伦理。原来做商业伦理研究的是商学院做企业管理的人。大概在20世纪70年代，一些哲学家进入这个领域，开始运用哲学和伦理学的研究方法分析企业管理的伦理行为，企业伦理学由此诞生了。

现代应用伦理学中的行政伦理，大概也是在20世纪70年代才开始出现的。行政伦理原来是一些公共管理学院的人在研究，20世纪70年代有一些哲学家把义务论、功利主义、美德伦理学带入公共管理学领域中，这时行政伦理便诞生了。所以，现代意义上的应用伦理学的各个领域，大部分都是由于哲学家把伦理学研究方法带入各个职业领域中，然后才出现的。这些伦理学家为什么要带这些伦理学研究方法进入这些领域呢？这肯定是因为它们出现了问题。之所以会有生命伦理学，是因为存在这样的问题，即医生是否可以在特定的情况下违背自己的职业操守去从事一些非人道的实验。那么，商业伦理面对的问题呢？在20世纪70年代，和商业伦理有关的非常严重的一件事是，很多军工企业贪污、受贿和行贿。这一时期美国正在侵略越南，很多军工企业有很严重的腐败现象，民众的反对意见很大，成立了蓝带委员会作为第三方机构去问责这些企业，要求它们承担一定的社会责任。当然，当时的这些企业去承担社会责任并不是出于自己的意愿。

伦理是我们大家共同认可的某种价值观或者规则，如果我们没有共同认可的规则，我们的交易成本就会很高。在现代社会，人与人之间建立起来的契约关系本质上是相互不太信任的，人与人之间越不信任，就越要设置各种各样的制度、合同、规范等来约束彼此。如果违反，就会付出巨大的代价，这样一来，交易成本会变得很高。当自利动机最大化的时候，交易成本是最高的；当自利动机变小，利他动机最大的时候，诚信度和合作度就高，这时交易成本最小。以借钱为例，比如两个人关系特别好，一个人向另一个人借10万块钱，可以不需要写借条；两个人如果互相不信任，首先就得写个借条，如果借钱的数额巨大，可能一个人会将自己的房产证抵押给对方，或者到公证处去公证，这就是交易成本。如果人与人之间的诚信度低，合作成本就会非常大，商业伦理在某种意义上就是要协调这一问题，如果大家共同遵守某一项规则，交易成本会很低，一个良好的商业环境最终会让众人受惠；如果人与人之间都从自利最大化的角度考虑，就会陷入"囚徒困境"，合作是不可能形成的。伦理其实就是主张大家朝着某种共同的价值观、行为方式上发展，所以一个良好的商业环境一定是有某种商业伦理的。

今天讲商业伦理其实就是想提供一个良好的商业环境，这非常重要。我一直倾向将"Business ethics"理解为"企业伦理"，这和原理老师接下来要讲的内容是契合的。当"商业伦理"这个词刚出现的时候，遭到了很多人的嘲笑，比如将其形容为"巨大无比的小虾""振聋发聩的安静"，因为商业的目的就是盈利，为什么还要谈论伦理？弗里德曼在《时代》杂志上曾发表过非常有名的一篇文章，题目为《企业要遵守社会责任吗？》。那时候商界盛行着一句话，叫作"商业非道德神话"，是说做生意就是做生意，不要谈道德，即"在商言商"，用英文说就是 The business of business is business。英文"business"有三个意思，即企业、盈利和责任。企业应该做的事就是挣钱，所以讲道德就是不务正业。在这样的环境下，刚刚出现的商业伦理受到很多人批评，弗里德曼是一个典型的代表。然而实际上，商业社会大概在17、18世纪的英国逐渐形成，在其形成之初，恰恰是通过伦理才推动了第一波经济增长，这就是马克斯·韦伯在他的著作《新教伦理与资本主义精神》中讲到的。经济伦理这个词第一次出现也是在这本书里。

一提到新教伦理，常说这是一种"天职观"，意思是商人要拼命地挣钱，这是为上帝尽天职，挣的钱越多说明给上帝尽职越好，就能上天堂。在古代社会，不仅是中国，西方也是同样的情况，商人的社会地位是很低的。比如古代的儒士要弃儒从商，会声泪俱下地写下诀别书，因为在传统的士大夫文化的社会中，商人挣钱被认为是不光彩的。马克斯·韦伯讲的那个时代是宗教改革时代，加尔文教派对原来的圣经作了一种新的解释，实际上提高了商人的社会地位，因为商人挣钱变得有意义了，努力挣钱尽天职，成了当时的社会伦理。

大概相同的历史时段正是明清时期，此时出现了资本主义萌芽。余英时写过一本叫作《中国近世宗教伦理与商人精神》的书，其实也是在运用马克斯·韦伯的商业伦理理论来解释明清之际经济增长的文化原因。根据余英时的分析，从唐朝起禅宗就开始自食其力，僧人之前是靠供养，之后入世苦行的观念起到了非常大的作用。这种入世苦行为后来带着儒家"道统"做生意的儒士提供了精神寄托。"道统说"出自韩愈，宋明理学给它加上了"天理"的形而上学系统，"存天理，灭人欲"，恰恰是给明清之际的经济增长提供了商业伦理的内在精神。后来王阳明讲"四民异业而同道"，说从事的职业不同，但都是为"道"服务的。韩愈是第一个将"道统"落实到人的，认为儒家将其传承了下来，儒家的儒士、儒商要实际地"行道"。很多弃儒从商的人，把儒家的"道统"带入了商业社会，最后开出一种"新道"，即"贾道"，这是商人阶层专门追求的"道统"，商人做生意不是为了挣钱，而是为了继承先圣开创的"道统"，这类似于"天职观"的功能。

其实在宋朝以后，商人的社会地位在不断地提高。后来在"贾道"的感召下，商人白天做生意，晚上做学问、设义庄、修公祠、编纂书籍。王阳明当时还给很多商人写墓志铭。这些商人有很高的文化修养和学术素养，他们有一种很自觉的意识，自己做生意是为了继承"道统"。所谓"儒商"，很重要的一点就是有"道统"意识。这种"道统"意识和马克斯·韦伯讲的"天职观"的功能是一样的，都属于商业伦理，必须有一群人共同信奉某种价值观念、行为准则、规范模式。那么现代社会有这种东西吗？原来人们形成的良好的商业伦理和商业精神，在现代职业化、技术化分工的社会中被消解了。这就是马克斯·韦伯所表述的，现代职业的技术化和官僚制度的出现。从事任何一种职业都是一门技术活儿。现代社会越发展，技术化的观念越使原来每种职业所遵守的职业精神、职业操守等淡化。人们的职业生活中到处充斥着工具理性、趋利化、自利的个体、精致的利己主义。

西方社会是怎么应对这个问题的呢？职业伦理守则。西方社会中的职业伦理守则具有法律化的意义，比如某个企业的伦理守则详细规定到各个部门、各项生产经营管理的环节。有人可能会问，这是伦理守则吗？的确，企业之所以这样管理，是为了内规，同时告知外界，企业的价值观是什么、追求的目标是什么。由此制定的这些守则，事无巨细。这些事无巨细的伦理守则在客观上想弥补缺失了传统商业伦理精神的空地，由此来对抗技术化对职业精神的侵蚀。然而，一旦技术化趋向成了气候，伦理守则所发挥的作用就是有限的。但即便是有限的，它还是一项正确的事业。

企业社会责任和企业伦理守则是息息相关的，企业根据伦理规范而负有相应的责任，这样的责任通过企业的内部管理而被落实，同时通过企业责任报告来向社会公众传达企业文化。当伦理规范形成以后，企业就会根据这些规范来进行管理，比如很多大公司都设有合规部，而合规部分为两种，一种是法务合规，另一种是伦理合规。法务合规很简单，根据各种已出台的法律来审视和判断企业的经营管理行为是否合法；伦理合规是根据企业的伦理规范来进行管理。所以，制定的规范必须很细致，同时也根据伦理规范进行相应的职业培训，由此形成一整套体系。

原　理

张霄老师已经指出了，商业伦理其实就是企业伦理，而企业伦理研究的主要内容就是企业应该如何承担社会责任。现代人类社会最伟大的发明是什么？一遇到这类问题，大家可能会想到的是一些物质实体，比如蒸汽机、发电机以及电脑等。当然，这些都是非常伟大的发明,但是仅此而已吗?1882年,爱迪生在美国创办了他的电力公司,自此以后,电光就出现在人类社会之中,人类也就摆脱了黑夜的束缚。为什么会出现这种情况?是因为技术和资本的结合,通过公司的推动,才能够让电走进千家万户。其他情况也是这样,所有具象性的发明如果没有公司或企业作为推动的载体和平台,那么当它们走进人们的日常生活时,其功能将大大减弱,甚至或许我们根本就不知道它们会给我们的社会带来这么大的影响。

可以说,在现代社会,任何对于人类历史产生重大影响的技术发明都是建立在企业这种组织形式之上的。企业就是以盈利为目的的组织,它包括不同类型的公司。英文"enterprise"的中文意思为企业、进取心、事业,它是人们通过某种组织形式对资源进行有效利用的一种革命性变革。公司的本质是什么?是写字楼、机器厂房、品牌标志吗?公司就是基于人们共同拥有的想象而产生的组织形式。尤瓦尔·赫拉利在他的《人类简史》中提出过很多人类所共同拥有的想象,比如国家、民族、宗教等,公司也是如此。公司的伟大之处,就在于是通过共同的愿景和利益的绑定,通过塑造共识,以及通过分工和工作,让物质、信息等不断地聚集、流动,然后产生巨大的收益。过去人们会说,国家不是也可以达到这样的效果吗?但是国家在很多情况下是通过强制的方式来达到的,而公司不是,相反,是通过愿景和利益让人们成为公司的一部分。国家是一个坚硬的利维坦,公司是一个比较柔软的利维坦,人与公司之间存在着某种契约关系,这种关系是弹性的,人可以自由地进入公司中,也可以随时终止与公司的契约关系,可以随时退出。而且,公司这种组织形式之所以是现代社会最伟大的发明,是因为它体现了现代社会的基本共识,即平等、自由以及对于个体的尊重。因为人都是经过自愿的理性思考而加入公司的，特别是有限责任公司的出现，还分散了股东们的风险，能够更加激发股东们进行投资。公司与前现代社会的商业组织形式的区别在于，它超越了血缘关系，真正地实现了陌生人之间的合作，所以公司集结资源、分散风险、跨越血缘，让人们联结在一起。在现代社会，企业是财富最主要的创造者之一。

美国经济学家格隆曾经做过一个研究，他说人类97%的财富是在过去250年内创造的，而且财富迅速增长的原因是市场经济。但他说的这句话不够具体，因为财富迅速增长的原因是市场经济中的公司，而不是个人。为什么在市场经济里面，不是个人，而是公司是财富的最大创造者呢？1937年，美国经济学家科斯曾写过一篇文章分析为什么公司会存在，为什么在市场经济中是公司这种组织形式而不是原子化的个人来参与经济活动。这是因为在市场自由交易的情况下，如果都是个体参与经济交易活动，会带来巨大的交易成本，因为这要靠个人自己去做市场调查、产品研发，还要避免上当受骗，这种交易成本过于庞大。如果人们选择加入公司，则可以选择从事很小的一部分工作，其余的由公司去完成，所以市场经济中最活跃的细胞就是公司这种组织形式。目前看来，公司为全球80%以上的人口提供了就业机会，构成了全球经济力量的90%，创造了全球94%的生产总值。2017年，世界上最大的企业沃尔玛的盈利超越了荷兰、西班牙、韩国、俄罗斯等国家的政府收入。有研究显示，全球前100的经济体中，有51个是跨国企业，全球最大的10个公司的销售额超过了全球最小的100个国家的国内生产总值的总和。张维迎曾说，现代社会的财富创造、国民财富的积累、市场经济的发展和公司的壮大，实质上是同一个问题。

企业虽然创造了大量的财富，扮演着新知识、新技术的创造者的角色，但是也带来了一系列问题。首先，改变了人们认识世界和行为的方式，让一切都明码标价，一切东西都是可计算的，一切都成了利益之争；其次，当一切都以利益为导向的时候，很多公司和企业的行为就逐渐丧失了底线，为了获取利益而不惜铤而走险，不惜为社会带来危害。在工业化初期，美国的商业丑闻、食品安全问题很严重，我们今天习以为常的很多东西，比如八小时工作制、社会保险制度、质检法、人权保护法等，都是一代代工人通过付出惨痛的代价和不懈的斗争换来的。虽然我们现在需要企业来提供大量的就业岗位，需要企业推动社会整体的发展和创新，但是人们也不得不思考企业的目的到底是什么，企业应不应该去考虑社会的整体前景，还是仅仅关注自己的利润收益。

今天谈企业社会责任，是在讲企业作为主体在社会生活中应该承担的义务以及因不良行为所要承担的后果。就企业要不要承担社会责任以及该如何承担这一问题，直到今天都仍然存在着争论，有三个比较有代表性的观点：第一种观点认为，企业的获利要以推进社会整体的福利为最高目的；第二种观点认为企业唯一的社会责任就是为股东赚取利润；第三种观点比较折中，企业应该承担社会责任，但是要有限度。

对于第一种观点，早在1924年，英国学者谢尔登就出版了《管理哲学》这本书，在该书中他谈到了一个非常重要的观点，即企业的管理是要服务于工业社会的，工业社会整体的发展状况是评判企业管理的一个标准，企业不仅要为社会服务，还得考虑企业当中的每个个体。他的这种观点在当时是非常超前的。1953年，鲍恩在《商人的社会责任》中也明确了这种观点。这类观点主要强调企业不能仅仅以利润为导向，也必须为社会整体的福利作出贡献，这是评价一个企业好坏的参照标准。

第二种观点来自经济学家米尔顿·弗里德曼，他认为企业只有一种社会责任，就是在社会的道德习俗和法律法规许可的范围内利用资源以增加企业的利润，唯一负责的对象只有股东。弗里德曼也有充分的理由：第一，如果让企业从诸多方面都为社会负责任的话，实际上在动摇资本主义市场经济的基础。本来企业参与市场活动都是自愿加入的，如果对企业进行强制和干预，势必会把政府给牵涉进来，这就不符合自由主义经济学派"小政府、大市场"的主张了。第二，企业社会责任是对公司股东发出的挑战，在某种程度上在挫伤股东投资的积极性，如果企业管理者拿着股东的钱去做与利润无关的事，那么就是对股东的不负责任，就好比人们把钱存到银行，结果银行把钱用到别的地方，而客户最后没有得到丝毫利息，这就损害了客户和银行之间的信任关系。同理，股东们如果想去做企业社会责任的话，可以进行慈善捐赠，没有必要通过企业去做这样的事情。第三，企业的多目标兼顾导致了效率低下，企业最大的优势就在于特别有效率，通过对人财物的调配达到对市场的有效把握。但企业如果在自己的职能以外还要特别考虑社会责任的话，就会降低工作的效率；此外就是企业的社会责任的内容比较模糊，这有可能会让企业不慎跨越自己的边界而代替政府去做某些决策。本来社会的公共服务是由政府负责的，结果却归属于企业，企业便越权了。第四，商业本身已经是最大的慈善了，比如在过去，类似于使用手机只属于某些少数群体，但是现在世界上绝大多数人已经享受到使用手机的便利了，为什么会这样呢？因为商业使这种情况成为可能，让成本变得越来越低，效率变得越来越高，普通人也可以过上曾经不可企及的生活。企业家本来的目的不是为了做慈善，但是却间接地带来了慈善的效果，这比企业家专门为了做慈善而取得的成果要好很多。举个很简单的例子，福特公司的创始人老福特曾说，要把工人变成消费者，让更多的人具有购买力，那么社会整体的福利才会提高，对企业而言，利润才会越大。

  第三种观点来自管理学家德鲁克，他调整了弗里德曼的观点。他首先请人们不要诋毁企业盈利的目标，因为盈利对企业而言是基础性的，如果企业不能通过盈利来维系自身，那么就更不能为社会责任作出贡献，盈利是支撑企业发展的动力，是检验一个企业是否成功的标准。进而他认为，企业的社会责任和盈利是兼容的，企业可以将自身的发展和社会的发展充分结合起来，社会的发展是企业发展的保障，一个混乱无序的社会是无法造就一个有着良好发展前景的企业的，所以社会环境对企业而言是非常重要的，企业必须意识到自己能够为社会做些什么。同时，他也指出来，一个企业要有限度地承担社会责任，而非不惜一切代价地去承担和自身职责无关的社会责任。企业的社会责任要么是来自它的产品，要么是它的服务，而不能够脱离这些；如果企业脱离了自己本来的发展方向，而另辟蹊径地去承担不属于自己的责任，是不可维系的。

  学界目前对于企业要不要承担社会责任已经没有太大的争议，分歧在于应该如何承担社会责任，现在有很多的理论，包括企业社会、绩效社会、利益相关者模型、企业公民理论等。除此之外，还有很多硬性条件规定企业只有承担起社会责任才能够加入市场经济活动中，比如"绿色条款"，企业如果达不到该条款的规定要求，可能就无法进行国际贸易。印度还将企业社会责任归入到法律中，要求企业每年必须拿出营业额的2%作为基金来回馈社会。现代有很多关于企业社会责任的考量，但按照我的观点，不能够强加给企业很多不切实际的目标。对于企业该如何承担社会责任，我同意德鲁克的观点，在企业能够通过发展张霄以维系自身的前提下，提供给企业一些承担社会责任的机会。

我本科是学企业管理的，听完原理老师讲的内容，我提一个自己的观点。根据以上几位著名学者的看法，企业要么完全不承担，要么完全承担社会责任。我认为，在不同的社会中企业要承担什么社会责任，和该社会的结构、经济运行体制及历史文化有密切的关系。美国讲企业社会责任和中国讲企业社会责任是不一样的。像弗里德曼这些自由主义经济学家，他们对企业社会责任比较抵触，认为在自由民主社会里企业就是为了盈利。尽管这些著名经济学家反对企业社会责任，但为什么这么多年以来企业社会责任研究和实践还在一直发展呢？

弗里德曼是货币主义理论代表人物，他能够持这种观点，是因为在他所在的社会中存在着某种力量支持他这种观点。美国的企业要承担社会责任，所考虑的情况是不一样的。美国的经济社会其实是被财团控制的。可以把美国政府想象成一个上市公司，只是表面上具有权力合法性的外壳。哪种经济力量掌控了这个"上市公司"，便可以借此维护自己的经济利益。财团在掌控和利用这个"上市公司"的过程中，首先考虑的是自身利益。这就是弗里德曼持有这种观点的社会背景。企业的生产经营是企业自身的事情，不能对企业强加额外的社会责任。我们应该真正关心的是企业而不是政府，因为企业才是社会真正的创造力和经济收益的来源。

另一种观点来自马克思主义。现代社会的生产是社会化大生产，是集体劳动和共同生产，所有的企业只不过是社会化大生产的一部分，企业脱离社会化大生产体系是无法自存的，这是现代社会区别于以往社会的一个最重要的经济结构。今天的企业是社会化大生产体系的一员，因而当社会为其提供有效资源时，企业也应当负有相应的社会责任。

（文稿整理人：张浩楠）

第九讲

家国关系的近代转型

主讲人：宫志翀（中国人民大学哲学院讲师）
对谈人：陈壁生（清华大学人文学院哲学系教授）

宫志翀

首先我先介绍一下"家国关系的近代转型"这个主题的意义。"家"和"国"是在人类任何一种文明形态中都存在着的两种领域，我们无法想象一种文明只有"家"没有"国"，或者只有"国"而没有"家"，所以"家"与"国"的结构关系就成为每个文明形态中最关键的因素。这样一种说法在中西文明中都是如此，特别是在我们的传统文化中格外突出，这表现在很多方面。这次我们主要讨论的是，在近代中国社会转型的过程中，通过批判和改造传统的家国结构从而推动变革的发展。

今天我们仍然处于这种转型所塑造的"家国关系"中，我们对于家庭的态度以及对于国家的态度，事实上都可以追溯到这次大转型。当然，这是一个非常漫长的历史过程，但重要的是它的开端，这个开端基本设定了之后历史运动的方向。其中一些人发挥了重要的作用，比如康有为、梁启超、杨度等。这三个人在20世纪的初始写作了如下作品，即《大同书》《新民说》《论国家主义与家族主义之区别》等，这都集中在20世纪的前10年完成，这些作品对之后的家国关系的近代转型影响深远。

我主要做康有为的研究，会多讲一些有关康有为的内容，同时以传统的家国关系为基本对照，廓清传统社会中家庭生活和以国家为代表的政治生活对个人的意义。古代人对于家庭的理解与现代人的理解非常不同，这些不同就建立在两个最基本的信念之上。第一个信念是，在古代人看来，人必然会在一个家庭中出生的。近百年以前，所有人都是在家庭中出生的，而不是像现在出生在医院。家庭是一个人一生都离不开的场域，人生的重要节点以及整个人生都是在家庭中完成。这些事情如果不发生在家庭中，会被认为是非常悲惨的遭遇。这是古代人对家庭的理解的一个非常重要的层面。在这样的基础上，古人对家庭的伦理关系就特别重视，三个主干型的关系就是父子、夫妇、兄弟，这被叫作"天伦"。现在人们还会使用一个成语，叫作"天伦之乐"，"天伦"意味着在个人出生之前就已经存在着的伦理关系，这不是个人能够自主选择的。对于这样一种伦理关系，儒家叫作"恩"，用"恩"来形容家庭中人与人之间的关系，父子之间、夫妇之间、兄弟之间都有"恩"。"恩"是一种非常厚重的观念，"恩"这种人与人之间的联结，是在家庭日常生活中逐渐积累沉淀下来的，不是个人能够轻易否定掉的，是不可断绝的关联。

透过这种对家庭伦理的描述，我们能够看到，家庭在古代人看来是一个非常紧密又自然的共同体。并且，在家庭的共同体中，如果考虑其实质的话，会发现，家庭中一起生活的人共同担负着彼此的生老病死乃至命运遭际。所以说，家庭是人的存在不可脱离的场所。对照家庭生活，我们会发现政治生活有很多的不同之处。

除了家庭，古代人也会认为人是在国家的政治生活中存在的，并由此将文明与那些没有受到政治教化的"蛮夷"区分开来。在这个意义上，政治教化和政治秩序是非常重要的，它们覆盖了人生的各个方面，人被政治生活所包裹着。尽管每个人都受到政治生活的影响，但并非每个人都有能力参与到其中去。政治本身关涉到很多人的利益，所以必须要那些有才能、有德行的人参与进去。换言之，所有人都在政治中生活，但是只有一部分人才能够参与具体的政治事务，这就是"君子"和"小人"的区别。在原初的意义上,"小人"指的是普通民众,其中品德好的人就上升为"君子",从而进入到政治生活中。这就体现出古代政治生活的一个特点,它当然与每个人有密切的联系,但并不是每个人都要直接地面对政治生活。

就具体的伦理而言,家庭伦理有三种,而政治伦理只有一种,即"君臣伦理",有一种说法是"君臣以义和","义"可以被理解为道义,用"义"来维系政治上主导和辅佐的关系。"义"与"恩"是不同的,"恩"是不可断绝的,而"义"是随时可以终止的关系。在对"家"与"国"作了具体的介绍之后,接着讨论传统中的"家国关系"。首先我们会看到,"家"和"国"存在着一种区别,"家庭"是一种天然的环境,是面对有限成员的,而政治是面对所有人的普遍的场域。家庭是以"恩"为联结纽带的,国家则是以道义为原则的。这意味着在家庭和国家这两个不同的生活空间里面,所需要的道德品质是不一样的,在家庭里面需要的是"孝悌",在国家的政治生活中需要的则是"仁义"。如果将"家"和"国"的差别进行概括和比较,可以看到,家庭是一个特别自然的共同体,人的一生都全身心地沉浸在其中,基本上无法脱离;政治生活是面对所有人的普遍秩序,如果缺少这一秩序,则出现不文明的状态。相对来说,国家比起家庭来说,更显得文明。

至此,我们是通过比较家和国的区别,才进入到家和国之间的结构性问题,如果两者不是相互独立的领域的话,这一问题也就不存在。而且,相互独立的"家"与"国",二者之间还存在着一个边界,在政治生活中,关乎所有人利益的事务一定会由君主来负责;而一个人一生基本上是在家庭中度过的,他的所有事务基本上都包含在家庭事务中,由家长来主持。由此,我们看到,一个人生活在两种秩序中,一个是在家庭内部由父亲主导的秩序,一个是在国家政治生活中由君主主导的秩序。在很多的历史研究中，都指出过一点，在大部分情况下，家庭事务都是由家长负责的，只有在极少数情况下，政治才会主动介入到家庭生活之中。家庭和国家都各自有正当理由来维持自身的独立。正是在"家"与"国"相互区别的基础上，才能够谈二者之间的相互联系。

我从两个角度来谈家与国的关系，第一个是"国"对于"家"的意义，古代传统始终在强调"国"对于"家"有保护和教化的意义，这分为两个方面。第一个方面是，国家有义务和责任来保障每一个家庭的生活能够安稳，比如儒家有"井田制"的基层社会的理想；第二个方面是，国家有教化和礼顺人伦关系的义务，让民众在家庭生活中安分守己。这也是政治和教化的重要责任，比如"教民亲爱，莫善于孝，教民礼顺，莫善于悌"。第二个是"家"对于"国"的意义，第一个方面是"家"对于人的培养。家庭是人养成良好美德的重要场所，古代人的思路很朴素，既然家庭是一个人生活的主要场所，那么个人就应当在家庭中培养好美德。"孝悌，为仁之本"，一个人在家庭中是一个秉持"孝悌"的人，那么他如果参与到政治生活当中就会成为一个"君子"。这是来自经验的总结，成为自汉到魏晋南北朝期间选拔人才的重要参照标准。家庭成为为国家培养合格人才的重要基础。第二个方面是政治制度，家庭作为一种自然的共同体，成为维系政治制度的方式，这在古代被称为"家天下"。当然，"家天下"在古代有不同的形态，比如夏商周的封建制和秦汉以后的帝制。这些制度是用家庭的血缘纽带维系政治稳定，君主愿意将自己的权力传给自己的子弟，或者分封自己的亲属帮助自己治理天下，这样做的理由是他们和我都是一家人。因此，家庭作为维系政治制度的方式进入政治当中。但是，古代政治的理想是比"家天下"还要更高的"公天下"。近代中国的"家国关系"的转型以一种新的方式重新引入了"家天下"和"公天下"的区分,并且给出了一个新的解释。

以上是对传统的"家国关系"进行了概括,这是为了理解在传统社会中"家"与"国"是处于一种什么样的关系,由此,可以进入到对近代中国"家国关系"转型的讨论当中。对于中国的近代转型,在此前的研究中有一个非常重要的判断,即中国的近代转型事实上和现代西方 16 世纪到 18 世纪 300 年的历程,无论从进程、机制和结果等方面,都有巨大的不同,之所以有这个不同,是因为中国的近代转型遵循"大同主义",事实上这也是当时社会思潮的一个反映。中国这种"大同式"的近代,开端于康有为写作的《大同书》,这部书完成于 1901—1902 年。"家国关系"的转型在中国近代化的潮流中处于什么位置呢?《大同书》的核心内容是"去家界"。梁启超对《大同书》也有一个概括,认为这说明其立法之理由——如何告别传统的小康世界而由此构造一个新的大同世界,这些理由中最关键的是"毁灭家族"。"去家界"所代表的对传统家庭的批判,成为中国近代转型的一个重要的动力支撑。

"去家界"被提到是在《大同书》手稿版的卷三和卷四,卷三是进行理论的批判,卷四是进行理论的建构,卷三到卷四的过渡可以帮助我们理解"家国关系"的转型。在写作的内容和重心上,康有为在卷三分了三个部分,但第一部分和第二部分都在介绍家庭的重要性,即是说,在批判家庭的卷三中,其前两部分却是承认家庭多么的重要,而真正开始批判家庭是从第三部分开始的。所以,理解卷三的篇章结构对于我们理解康有为对家庭的批判有很大的帮助。而对于康有为如何批判家庭,我认为有两个角度,这两个角度也构成了之后人们看待家庭的不同视角。第一个角度是个体的角度,康有为在卷三的第三部分一开始就是从这个角度出发的,他认为,尽管在传统社会中家庭非常重要,但是家庭生活可能是不理想的。在家庭中我们会因为性格不合、欲求不合、意见不合等产生各种的摩擦。为什么家庭生活正常的场景,在康有为看来却难以接受呢?这是因为在《大同书》中有一个基本的背景,即"去苦求乐",一个真正理想的社会是让所有人都感受到快乐而不遭受苦难,康有为这是要为个体在家庭面前伸张意愿和欲求,家庭应当有一个新的形式,使得生活在其中的个体都能够快乐。可以说,康有为开启了个体在家庭面前伸张自己生活空间的方向。

从个体的角度来批判家庭,在《大同书》中还只是铺垫,真正批判的焦点在于"公"的层面。在这个层面的批判,我们会发现康有为是步步为营的。第一,康有为首先进行定性,认为家庭之间的爱是私爱,从更高的"公"的角度来看,家庭的爱就相形见绌地被称作"私",但这却存在着一个问题,即"公"和"私"的含义比较模糊,并很快就会形成一个教条式的判断,认为"公"是好的,"私"是不好的。所以,当康有为说家庭之爱是私爱时,是从"公"的角度来评判的,由此家庭之爱被认为是不够好的。第二,家庭的私爱会导致不平等,一个人爱他的子孙最重要的表现就是想尽办法给他们好的生活,并且在去世之前愿意将自己的财产转移给他们。但是康有为认为,如果所有人都始终遵循这个模式,不平等会变得越来越大并且很难逆转。《大同书》的目的在于构建一个彻底平等的社会,但为什么说"去家界"是整部书的枢纽呢?因为康有为认识到了,家庭的私爱是社会不平等的最后堡垒,如果不把家庭去除,就无法实现"公有制"的理想社会。

第三，社会上的很多恶行是人为了家而去做的，由家产生的恶会在人性中积累并造成一个文明整体的堕落，这就给家造成了一个"原罪式"的形象。第四，只顾家将导致"公"变得薄弱，文明的发展会停滞不前。康有为明确认识到，人类社会向前发展的动力在于为了公共事业而不懈奋斗，比如医疗事业、道路建设等，他其实有一个想象，传统社会中人的爱仅仅局限于家庭里面，无法扩及他者，这使公共领域变得非常薄弱，由此造成中国文明的发展一直停滞不前。综合上述几个方面，康有为给出了一个严厉的批判，他承认家庭对于一个人来说是很重要的，但家庭也有很多弊病，比如人性不能够得到更高的净化，这造成社会风俗不会变得更好，世间会不太平，因此，家庭是人类文明向前发展的桎梏。

可以看到，康有为是从"公"的视角来对家庭进行批判的，所以他并不只是批判家庭生活多么的不美好，不只是针对家庭这一相对较小的生活形式，他事实上是在进行一种文明秩序的批判，他所批判的是以"家"为核心而构成的社会秩序。康有为理解的"家天下"与传统意义上的"家天下"有很多重要的区别，比如传统的"家天下"关注的是一个政治制度的构成方式，但康有为认为的"家天下"不是只包括统治者，而是包括所有人在内。他在描述"家天下"时，就像在描述人的一种心理状态，他提供了对于"家天下"的一种独特的理解，认为这样的"家天下"是每个人只有家庭的私爱而没有"公心"的生活。换言之，康有为所理解的"家天下"的图景，就是整个天下有无数个家庭，但是在家庭之上却没有一个能够覆盖所有人的公共空间。以上内容是《大同书》卷三对家庭整个批判的总结。同时，康有为也充分认识到了家庭这一自然的共同体对于个人的重要性，在完成对"家天下"的批判之后，他就必须考虑一个问题，"家天下"的这种困局该如何破解，对此，他给出了一个理想化的解决方案，这表现在《大同书》卷三到卷四的过渡。康有为讲到，人不只是在家庭中生活，人也属于"天"，每个人都应当脱离家庭而面对"天"生活，这种生活是一种政府应当承担民众生老病死的生活。

在《大同书》中，康有为主张要有一个实体形式的国家或者政府，每个人都能够参与其中。这种"公立"政府要负责供养人和教化人，所以个人就不需要家庭了，因为一个人的成长和受教育不再在家庭中完成了，而是在政治生活中完成。卷四详细地描绘了人类新社会秩序的蓝图，一个人在这种社会中生活会享受到公共福利，这种理想社会的设计构造就是为了取代家庭的。在卷三到卷四的过渡中，康有为的思路比较奇特，他认为当人类社会有一种新的运转方式来替代家庭的职能时，就会自然地克服"家天下"的弊端。在卷四后部分的内容中，康有为给出了一个相当宏大的允诺，即每个人的人生都由政治来保障，所以不需要家庭，这同时要求每个人都能够全身心地投入社会建设当中；又因为人没有了家庭，也就没有了私爱，而是具有了真正的无私的爱。通过康有为的批判，我们看到，在"家国关系"近代转型的开端，家庭的空间受到来自个体层面和公共层面的压力；同时，公共领域逐渐承担起"家"的职能，由此实现的是个体逐渐脱离家庭而直接面对社会公共生活。这逐渐地进入社会历史的发展中，并影响了今天人们的观念。

陈壁生

宫老师以康有为的《大同书》为核心谈论了近代中国的"家

国关系"转型，由此可以看到，康有为是一个非常具有典型性的代表。我认为，宫老师对"家国关系"在历史上的状况以及在近现代理论上的转型作了一个非常清晰的描述。接下来，我就接着往后讲。因为中国近代"家国关系"的转型涉及一系列问题，甚至可以说，我们今天的现代化核心就是"家国关系"的一个转变及新型的"家国关系"的建立。理解这一点非常重要也非常困难，因为这是今天理解中国传统文明体系以及该体系现代化的一个重要的角度。宫老师讲到康有为对此有一个明确的揭示，我在接着讲的同时对一些重要的人物进行简单的介绍。

这些重要的人物包括梁启超、杨度等。"家国关系"的变化在这些人身上得到了典型的呈现，并且直接关系到我们今天对"家国关系"的理解，尤其是对道德的理解以及对中国传统文明的理解。后面这些人其实在某种程度上在回应康有为的问题，只不过是通过不同的理论。如果简单地讲一下传统的"家国结构"，我们会发现它大体上分为几种不同的类型：第一种是在封建制下的"公天下"，传贤不传子，是一个人去治理天下；第二种是在封建制下的"家天下"，以商代为典型，它的制度主要是以宗法制为核心，有嫡长子继承制，采取封建天下的格局，这是一家治一国；第三种模式是郡县制，虽然是权力传子，但是配套着官僚体系来治理天下，把国变成家的私有财产；最后一种是民主共和政治，倡导平等，采取选举的制度，这带来的结果是"家"和"国"是分离的。

宫老师讲到的内容，实际上是从郡县制转向民主共和制，关于这个重要的转折，康有为的理论提供了一个重要的思考参照，但是具体的展开是后来的几个重要人物实现的。梁启超所做的一个巨大的进展，就是公德和私德的区分，他用这二者来理解中国传统的道德，最后发现中国传统社会中只有私德而没有公德。这个问题产生的背景，就是民族国家的建立，也就是说，中国传统在理解"家国关系"的时候，基本上是"修身、齐家、治国、平天下"的模式。但是在中国传统遭遇到西方近现代文化之后，因为西方主要是民族国家的模式，而民族国家意义上的"国家"在中国传统社会中是缺失的，所以如何建立一个在此意义上的"中国"就成了一个巨大的问题。但是民族国家的问题在梁启超这里表现出来的是，中国是没有国名的而只有朝代的更迭。各个民族都尊崇自己的国家，这是世界之"通义"。梁启超认为传统中国不是国家，其实是因为他心中有了一个新的国家的概念，这就是西方近现代以来的民族国家概念，所以这背后其实是一个国家概念的转换，从"修身、齐家、治国、平天下"转变到了一个主权国家。

梁启超在《新民说》里开始提出关于"公"的问题，中国传统是从来没有讲过道德是可以区分为"公德"和"私德"的，但是民族国家的概念出现之后，就出现了公德；现在进入到一个列强并列的时代，必须构建一个民族国家。没有私德人不能"立"，没有公德人不能"团"。中国传统中的家庭伦理是比较完整的，这导致了重私德而轻公德。比如"仁、义、礼、智、信"，被梁启超认为都是私德，关于国家的公德就没有。梁启超把"孝"也理解为是私德，但是中国传统不是这样理解的。总之，在梁启超这里，中国人是有私德而无公德的。然而，到杨度那里，理论重点转变为"家国结构"的变迁问题。

杨度的思想来源主要是严复。严复在1904年翻译了甄克思的《社会通诠》，这部书将人类历史分为几个不同的发展阶段，第一个是蛮夷社会，也就是图腾社会，第二个是宗法社会，第三个是国家社会。严复讲到，甄克思没有提到中国，但中国在古代是一个什么样的状况呢？是一个既不同于宗法社会，也不同于国家社会的状态。严复认为中国古代社会中宗法占了七成，国家占了三成。在接受了严复的思想后，杨度对这个问题作出了一个非常深入的阐释。他认为整个人类社会都要经历三个阶段，这是一个进化的过程，蛮夷社会没什么主义，宗法社会是民族主义，国家社会是国家主义。接着，杨度谈到，西方列强都已经到了第三个阶段了，而清朝的建立基本上也开始了国家社会，但清朝不是完全的国家社会，从秦朝到清朝，中国社会的国家因素特别薄弱。中国之所以没有像西方社会发展的那样，是因为中国的家族制度太强大了。杨度认为，甄克思提到的宗法社会里面存在的情况，比如重男轻女、一夫多妻的婚俗等，都是家族制度的现状，所以社会上以家族为本位而不以个人为本位。但这是社会制度而不是国家制度，所以杨度认为应该改革掉这些社会制度，但中国这个国家已经进入到国家社会了，而家族制度始终是阻碍中国社会继续发展的力量。阻碍国家进步的是封建制度，阻碍社会进步的是家族制度，因为个人始终面对着家庭巨大的障碍。

　　杨度将中国人分为两种人，一种是家长，一种是家人。家长使人人都有身家之累，无法顾及社会公益，也无法顾及国家责任；家人就是依靠家长的荫护虚晃度日。杨度的《金铁主义说》说明了中国的"家国关系"有着一个重大的变化，传统的"身—家—国"的结构已经成为阻碍社会进步的绊脚石，由此必须建立起一个新的"国民—国家"的结构。如果将这个问题与梁启超讨论的"公德—私德"问题联系起来，就会发现内容非常合拍。梁启超所说的中国只有私德而没有公德，是因为公德是国家道德，这种国家是传统"身—家—国"意义上的国家，不是现代意义上的国家。

中国传统中的家族使个体不能成其为个体。跟杨度所讲的这些理论相关的是清末的"礼法之争",法理派主张运用西方的法律制度来改革中国传统制度,杨度在这场争论中起到了非常重要的作用,他站在法理派的立场上主张改革,去除掉家族制度的羁绊。中国传统没有国家的概念,而只有家族的概念,使家族各自为团体,各自谋自己的生活,所以变成了"天子治官,官治家长,家长治家"的结构,中国传统的礼法都是以家族主义为基本精神的。

杨度通过对比西方而认为,西方国家的家族主义其实也没有完全消除,人还是生活在家庭里面的,但这也是在为成为国民而做准备,国家主义的国家必须使国民直接面对国家,倘若间接地面对国家,那么就是家族主义的国家了。旧刑律与新刑律在精神上的区别,就是使国家成为法治的国家,从家族主义过渡到国家主义,或者说从宗法社会过渡到国家社会。但是也有很多批评杨度的人,比方说劳乃宣。劳乃宣认为中国传统中是有国的,为什么人们不爱国呢,是因为自秦朝以来的专制政体,专制政体让人们只知道有家而不知道有国,所以要通过立宪制推广爱家之心来爱国,而不是破爱家之心。然而,劳乃宣的主张并没有成为社会的主流,之后晚清的刑律基本上是按照法理派的主张修改的,这成为民国刑律的基础。当时还有其他人反驳杨度,认为家族制度和国家主义并不是不容两立的,我们现在会看到劳乃宣的观点其实更符合实际情况。

辛亥革命之后,家国制度就转变为民族国家和小家庭的模式,于是传统的大家族制度以及与之相应的道德就成为阻碍社会进步的羁绊,所以当时有一个仿效运动,这个运动的本质是运用现代家国制度体系来改造传统,最典型的是吴虞的文章《家族制度为专制主义之根据论》。这篇文章讲到,中国传统一直局限于宗法社会之中而不能前进,是因为家族制度的强大。吴虞的批评在学术上并不具有说服力,他背后运用的是甄克思和杨度的理论,尽管运用得很差,但在当时具有很大的影响力。在这个过程中,我们可以看到,"家国关系"的转变是如何造成中国传统伦理道德的变化的。

像官老师讲到的,中国传统"家国制度"发展到近代以后,康有为作出了一个理论的探索,这是康有为思想中非常重要的一个内容,我所作的补充最主要的是表明在康有为之后,这些理论是如何经由他人而发展的。

(文稿整理人:王哲彪)

第十讲

从共同体到联合体的嬗变

主讲人：魏　博（中国人民大学哲学院讲师）

对谈人：陈　浩（清华大学哲学系长聘副教授）

魏 博

在德国古典哲学和马克思主义哲学当中，共同体和联合体这两个概念代表了两种理想社会的政治构想，对于我们理解国家和社会具有重要的意义。陈浩老师是清华大学哲学系长聘副教授，主要从事德国的社会政治哲学、日本马克思主义，还有新 MEGA 文献的相关研究。在这些研究领域中，陈浩老师已经用中文、英文、日文发表了几十篇相关论文，对黑格尔、马克思与尼采等哲学家的思想理解是非常深刻和到位的。清华大学哲学系有一群黑格尔哲学的专业研究者和爱好者，对《法哲学原理》和《精神现象学》——这是黑格尔相当重要的两本书——进行了逐字逐句的研读，研读时间超过 5 年，而且研读的成果《黑格尔法哲学研究》也出版了，陈浩老师就是其中一位很重要的组织者和参与者。这本论文集对于黑格尔法哲学有研究兴趣的读者来说具有特别的学术价值。

陈 浩

按照魏博老师的设计，他讲后黑格尔哲学，我讲黑格尔哲学，所以由我先来抛砖引玉，谈一谈对于黑格尔共同体概念的粗浅理解。不过，我觉得如果一上来直接就讲黑格尔的共同体概念，可能会显得比较突兀，因为这次对谈的主题是"从共同体到联合体的嬗变"，所以我觉得有必要先一般地谈一谈"共同体"这个概念,然后再过渡到黑格尔对共同体的理解,最后再转入魏博老师的主讲部分——黑格尔之后的哲学家对共同体和联合体的理解,可能会更为顺畅自然一点。

"共同体"这个概念在今天其实已经为大家所熟悉了,只要提到这个概念,大家应该或多或少都有一些领会和理解,比如大家会说共同体比较注重团结和友爱,比较强调公民美德,比较关注整体的优先性等。但是,我们一般所讲的这些特征之中,有哪些是共同体的核心规定呢?我们一般所理解的共同体与黑格尔的共同体之间,又存在哪些异同呢?类似这样的问题,可能需要我们作更进一步的澄清。这里我倒觉得黑格尔的辩证法可以派上用场。黑格尔经常会说,我们对一个概念的一般的把握,其实已经在一定程度上把握到了这个概念的核心特质,尽管仔细考察之后会发现,常识的理解中仍然混杂了一些不准确的地方,但是常识的理解毕竟指明了正确的方向。因此,按照黑格尔的辩证法,可以说我们常识上对于共同体的理解,既是准确的又是有缺陷的,如果能从其中准确的部分出发,仔细爬梳,逐步推演,则很有希望达到对于共同体的精准理解和把握。考虑到这一点,先从对共同体的一般理解入手,来切入共同体这个概念。

先举一个卢梭在《爱弥儿》中讲过的例子。有一位五个儿子都在军队里服役的斯巴达母亲,在焦急地等待着前线战事的消息,一个奴隶跑来告诉她:"你的五个儿子全都战死了。"这位母亲完全不为所动,反而呵斥说:"贱奴,谁问你这个?我是问我们胜利了没有?"当她听到斯巴达已经取得胜利,便欢欣鼓舞去神殿献祭,感谢诸神赐予斯巴达胜利。对于这个故事,卢梭会说这才是公民应该有的觉悟。这位母亲丝毫不在乎亲生儿子的生死,反而首先关心城邦的胜败,我们会觉得这位斯巴达母亲的行为,与我们一般的认知太过相悖。不过应该说，这个例子仍然比较典型地阐发了对"共同体"的一般理解。因为当提到"共同体"的时候，是指在个人和集体、国家或城邦之间有一种紧密相关、休戚与共的联系，这种联系是超过其他一切关系的。而且在这样一种关系里面，个体的人格完全消融在整体的人格里面，我们会感觉到集体的成败、得失与荣辱就是我们个人的成败、得失与荣辱，我们与集体"同呼吸，共命运"。所以我们既不认为个体可以从这样的整体中被切割开来，也不会认为我们跟整体之间的关系是纯粹外在的。如果这个集体受到了伤害，就会感觉到我们作为个人受到了伤害；如果这个集体获得了成功，我们也会认为这同样是我们个人获得的成功与荣耀。所以说卢梭借用斯巴达母亲这样一个例子，非常成功地对"共同体"概念作了一种极为形象的说明：我可以不先关心我的亲人，但我会首先关心我的祖国，因为我的亲人的命运跟祖国的命运是休戚与共、生死攸关的。在某种意义上，祖国整体的命运是大于我个体以及我的亲人的生死安危的，所以个体人格从属于整体人格。

　　如果这样来理解共同体，就思想史而言，我们首先想到的可能不是黑格尔，而是滕尼斯以及他的名著《共同体与社会》，正是在这本书中，滕尼斯对共同体与社会作了最为详细的对比与阐发。这里有必要简要总结一下滕尼斯对共同体的定义，鉴于滕尼斯在书中的定义比较松散，我将其总结归纳如下：共同体是基于共同的传统、习俗和宗教，自然形成的具有共同信念和价值认同的一种有机秩序，这种秩序整体表现为目的本身，并且凌驾于个体人格之上，其最为典型的形态是古代家族和城邦。

　　在滕尼斯看来，共同体其实是基于传统、习俗和宗教导向的，它首先会承认一些先于个体而存在的传统、习俗和宗教，而个体直接就生活在这些传统、习俗和宗教里面,就像斯巴达人生活在斯巴达式传统、习俗和宗教里面一样,个体在这个意义上是完全沉浸于这些传统、习俗和宗教之中的。由于这样的生活方式,他们就直接接受了或者说形成了共同体所具有和要求的那些信念和价值认同,在这个意义上共同体是前反思性的:如果我生在斯巴达,我可能就会认为城邦应该是一个战士同盟;如果生在波斯,可能就会觉得大家应该有一个国王;如果生在雅典,可能就会觉得民主制是天经地义、合情合理的。所以即便雅典在希腊是最为特殊的一个民主制城邦——它在某种意义上与现代民主制高度相似,但考虑到它的信念和价值认同是前反思的,城邦作为秩序与整体本身就表现为目的,作为一种集体人格,它是凌驾于个体人格之上的,雅典依旧是古典意义上的共同体,斯巴达则更是如此。因而我们不能去对斯巴达的母亲说:"你应该去反省,因为你不顾亲生骨肉的性命,而去关心一个嗜血成性的城邦,这个城邦无非是为了扩张自己,侵略别人,它发动的并不是正义的战争!"在斯巴达的传统环境下,城邦与它的公民都不会作这样的反省。它的行为只要是整体的传统、习俗和宗教所要求于它的,就是正当的,进而就可以得到每个人直接的认同,而且共同体中的每个人也以把自己的人格臣服于或者说沉浸于这样的整体之中作为他最高的追求,作为他的安身立命之本。

为了更好地呈现这样一种共同体的面貌,滕尼斯把它的对立面,即社会的核心特征也指了出来。不同的英译者在翻译滕尼斯的"社会"概念时,会在 association、society 和 civil society 之间犹豫不定,之所以出现这种情况,是因为滕尼斯所使用的德文"社会"一词存在多义性与歧义性。那么"社会"在滕尼斯那里到底代表着什么?他认为是"各自独立,拥有自身人格的个体基于自由选择与他者签订契约，人为形成的出于一种利益计算，并将他者和整体视为手段的机械秩序"。在滕尼斯看来，社会跟共同体是完全对立的概念，共同体是一个有机的自然秩序，而社会却是一个人为的机械秩序。一般来说，在德国传统里面，"有机体"代表着正面评价，而当说某物是机械人为时，它往往是一种负面评价。在这种秩序之中，个体人格优先于整体人格，其典型的形态是近代市民社会和商业社会。滕尼斯认为，社会的典型形态能够在现代工商业发达的大城市中得到最为集中的体现。对于城市中的个体而言，连接他们的纽带并不是传统、习俗和宗教，他们也没有所谓的共同信念与价值认同，他们亦不会为了整体去牺牲个体，相反，他们首先有一个自由的人格，这个人格是他们不愿意放弃的，这是区别于他者与整体的一个绝对的身份。在此基础之上，他们之间并不是完全分离的，他们也要形成一种联系，因为在现代工商业社会中，没有一个人是可以自给自足的，分工决定了他们只能与其他人关联起来，通过生产与交换来满足自身的需求，所以社会是一个通过契约所形成的利益结合体。

在滕尼斯的行文中，可以看到他对于这样的社会有许多批评，比如他会认为，这样的社会缺乏价值认同，缺乏共同信念，而且他还认同马克思的说法——这样的社会很危险，因为不同的个体之间基于利益的结合是非常不稳定的：今天我的利益跟你的利益有相通之处，与你达成共识和契约，明天我可能又与第三者之间产生另一种利益关联，那么我就可以不择手段地算计你伤害你。而且按照工商业自身的发展逻辑，社会很容易带来阶级对立，也就是马克思所讲的资本主义社会阶级冲突。所以在这样一种社会里面，在基于契约与利益计算所形成的人为的机械秩序之中，个体之间所形成的联系不是一种自然的结合，因为他们没有真正共同的信念，也没有共同的价值认同，他们完全是一个个偶然走到一起的个体，是一个"今天可以结合在一起，明天就可能分离"的结合体。

讲到这里，如果要对滕尼斯的共同体和社会作一个总结，我认为比较核心的一点是：在共同体中，整体先于个体，个体的人格与自由在共同体之中不被承认，整体理性是笼罩一切的，个体沉浸在整体之中；相反，在社会之中，个体人格与自由得到了确立，而整体在这个时候被降级了，成为在某种意义上只是满足个体需要与利益的一个手段，社会本身不具有共同体那样的目的性。这是我对滕尼斯想法的简要总结。

接下来我觉得还可以参考一下涂尔干的观点，他虽然没有直接提"共同体"与"社会"，但是从他的著作中，尤其是《社会分工论》关于"机械团结"与"有机团结"两种结合方式的探讨中，可以明确感受到他对于共同体与社会的态度。在涂尔干看来，机械团结是由于社会构成要素之间按彼此相似或相同的性质所形成的团结，个体对整体保持着强烈的认同感和归属感，其存在样式类似于无机物的类聚一样，其存在分子是相同的，联系是机械的，它的特点是否认个性，以集体淹没个性，往往体现为一种压制的权力，其典型的代表是处于原始隔绝生存状态下的社会群体样式。实际上大家一听就能明白，涂尔干所谓的机械团结，说的正是滕尼斯所讲的共同体，但是涂尔干对共同体所持的价值评判态度却与滕尼斯截然相反，即他认为这样一种结合方式是机械式的，而在滕尼斯那里，共同体的结合方式则是有机式的，所以他们两人的观点正好是相反的。与机械团结相对，涂尔干所讲的"有机团结是指由于社会的分化，每个人都按照社会的分工执行某种特定的或专门化的职能，这种分工或分化使每个人都在一定程度上必须依赖其他人，每个人的个性不仅可以存在而且也成为与其他人相互依赖的基础与条件，由此形成社会有机统一体"❶。

可以看出，涂尔干跟滕尼斯对共同体与社会这两种结合形式的评价是完全相反的，涂尔干认为共同体不承认个体，是泯灭个性的，不过是高度相似个体之间纯粹量上的叠加。涂尔干对此有一个很有意思的讲法，他说我们在谈到友谊或友爱的时候，一般会觉得两个性情相似的人更容易成为朋友，但这只是真理的一部分。亚里士多德等人就曾发现，在许多时候其实是性格不相似的人更容易成为朋友，因为他们之间具有互补性。涂尔干认为性格相似的人成为朋友只是量的叠加，而没有质的增加，比如说每一个斯巴达公民都认可斯巴达那一套价值体系与价值信念，在某种意义上他们可以拧成一股绳，但这根"绳"的构成是相似的，只是同一种元素在量上的单纯增加。在这个意义上，涂尔干认为这跟环节虫是类似的——环节虫的每一个关节都是一样的，虫子的长度并不改变环节虫这个动物本身的特性，所以它们之间的联系是机械式的。相反，涂尔干对社会的评价跟共同体是不一样的，他认为社会是不同特性的个体之间在分工基础上相互补充所形成的结合体。在这个意义上，它们之间是互补性的、缺一不可的，比起共同体，它们之间的联系反而会更为牢固，因为我不能没有你，你也不能缺少我。如果一个面包师没有纺织工作为互补，他就只能提供满足温饱需求的食物，而无法拥有衣物来御寒；同理，孤立的纺织工也只能抵御寒冷而不能缓解饥饿。所以涂尔干认为，这样一个基于分工与每个人的不同能力所结成的社会，尤其是以工商业社会为典型的社会，相比共同体的机械结合，反而可以称

---

❶ 邓伟志主编：《社会学辞典》，上海辞书出版社2009年版，第58页。

为一种更高级别的有机结合体。在这个意义上，他跟滕尼斯对于共同体和社会的看法正好是相反的。

滕尼斯和涂尔干都是黑格尔的后辈，他们都会谈到黑格尔。那么，黑格尔对于共同体到底持什么态度？先来看黑格尔的原话，之前借用过斯巴达母亲的例证，刚好黑格尔对斯巴达也有一个明确的评价，他在《哲学史讲演录》中曾说："一个这样的制度，其主要的特点就是一切个人的特性都从属于普遍者，从属于国家的目的、国家的生命，或者更确切点说，都为这些而牺牲。"❶ 这跟斯巴达母亲那个状态是比较接近的，"个人只有在意识到活动、生命、行为都是为了国家时，才意识到他和自己的荣誉和价值等。一个具有这样高度统一性的民族，在其中个人的意志真正可以说完全消失了，于是形成了一种不可战胜的团结意志"❷。从特征上来说，黑格尔关于斯巴达这样一个共同体的判定跟滕尼斯和涂尔干区别都不大，就是整体优先于个体，个体认同于整体，个体自由是不被承认的，个性是不被允许的。在这个意义上，他们关于共同体基本特征的描述是相似的。在评价方面，黑格尔说这"形成了一种不可战胜的团结意志……这是一个伟大的原则，每个真正的国家都必须有的原则"❸。这应该说是一个很高的评价，表明黑格尔对斯巴达这样一种整体优先于个体、城邦优先于个人的原则是肯定的，但他马上又说，"这种原则在拉栖代孟人（即斯巴达人）那里却停留在片面性之中，在拉栖代孟，特性、个性是被轻视的，

---

❶ 黑格尔著，贺麟、王太庆等译：《哲学史讲演录》第1卷，商务印书馆1959年版，第381页。
❷ 黑格尔著，贺麟、王太庆等译：《哲学史讲演录》第1卷，商务印书馆1959年版，第381—382页。
❸ 黑格尔著，贺麟、王太庆等译：《哲学史讲演录》第1卷，商务印书馆1959年版，第382页。

因此个人不能够有独立的自由发展与表现——个性没有得到认可，因此也就没有获得与国家的共同目的契合一致，互相统一。而这种共同的生活——这种特殊性、主观性的权利的摒弃，在拉栖代孟人那里发展得很厉害"❶。如果在这里黑格尔要举例的话，他也可以举斯巴达母亲的例子，她只问斯巴达城邦的胜败如何，对于自己儿子的性命却表现得漠不关心。

对于斯巴达这样一种共同体，黑格尔的评价是两方面的，他一方面说整体性、普遍性的原则是一个伟大的原则，每一个国家都应该有这样的原则；另一方面他又说这一原则是有缺陷的与片面的，因为个性没有得到充分发展，主观性、特殊性的权利被摒弃了。黑格尔对于共同体的这一评价同样体现在他对于柏拉图的态度中："我们发现这同一个原则在柏拉图的《理想国》里面也以其特有的形式出现。"❷ 黑格尔如此评价柏拉图："柏拉图在他的《理想国》里描绘了实体性的伦理生活的理想的美和真，但在应对独立特殊性的原则（在他的时代这一原则已浸入希腊伦理中）时，他只能做到这一点，即提出它的纯粹实体性的国家来同这个原则相对抗，并把这个原则从实体的国家中完全排除出去，但这是徒然的，因为这种办法与解放特殊性的无限权利相矛盾。"❸ 所以我们看到，黑格尔认为，与斯巴达一样，柏拉图的理想国也只承认整体理性，个体只处于从属地位，每个个体依据能力的不同，在国家里面被强行安排相应的地位和职业。在这个意义上黑格尔认为，柏拉图的《理想国》讲的其实就是斯巴达的共同体原则，因

---

❶ 黑格尔著，贺麟、王太庆等译：《哲学史讲演录》第 1 卷，商务印书馆 1959 年版，第 382 页。

❷ 黑格尔著，贺麟、王太庆等译：《哲学史讲演录》第 1 卷，商务印书馆 1959 年版，第 382 页。

❸ 黑格尔著，范扬、张企泰译：《法哲学原理》，商务印书馆 1961 年版，第 200 页。

为他完全否定了个体自由。对于这样一个原则，黑格尔是有肯定的，比如说他称赞这个原则体现了美和真，但同时他又对这一原则进行了批评，因为"这种办法与解放特殊性的无限权利相矛盾"，而"特殊性的无限权利"，我们都知道就是滕尼斯的社会原则与涂尔干所谓的有机团结原则。对于"特殊性的权利"，黑格尔明确指出："主体的特殊性求获自我满足的这种权利（Recht），或者这样说也一样，主观自由的权利（Recht），是划分古代和近代的转折点和中心点。"❶他的意思是说共同体的整体原则与整体理性固然是一个必要的环节，但是市民社会所体现的特殊性原理与主观性原则，也就是欧洲人所说的近代自由原则，也有它获得满足的权利，我们不能否定这样的权利，而且承不承认这样的权利是划分古代和近代的一个转折点与中心点。所以这样一种使个体自由、个体独立与个体主观性获得满足与彰显的权利，亦即社会的原则，在黑格尔那里怎么高估都不过分。

黑格尔一方面认为共同体的普遍性是好的，另一方面又认为社会个体的自由也要得到彰显，那么应当怎样调和这两个方面呢？我认为调和的关键就在于黑格尔对于普遍与特殊、整体与个体之间关系的特殊理解，这种理解既与滕尼斯的理解不同，亦与涂尔干的理解不同。黑格尔说："但是普遍者只有成为一种有生命的精神，即只有当个别意识作为个别意识而存在于其中的时候，才是可能的。普遍者并不是构成个人的直接的生命的存在的单纯的实体，而是构成了有意识的生命。正如脱离普遍者的个体性是毫无能力的，会趋于毁灭一样，片面的、共同的、现行的伦理习惯，

---

❶ 黑格尔著，范扬、张企泰译：《法哲学原理》，商务印书馆1961年版，第126—127页。引文中"Recht"的原译为"法"。

也同样不能抗拒个体性。"❶那么斯巴达这样一个完全压制个性、主观性与个体自由的整体，在黑格尔看来就只是一个抽象的整体，而不是一个有生命的整体。这样的整体要获得生命，它的生命源泉从哪里来呢？黑格尔认为只能从个体自由，从主观性原则里面来，只有每一个个体在这样的共同体之中被承认，得到自由活泼的发展，然后与这样的整体在反思的基础上结成一种休戚与共、和谐一致的关联时，这个整体才是有生命的活的整体。这是对于整体方面而言的情况。另一方面，对于个体或特殊性而言，黑格尔也会说个体性也是不能脱离普遍的，脱离了普遍的个体性也是虚假的个体性，黑格尔举例说，就像把手臂从人的身体上砍下来以后，它就不再成为手臂一样，手臂只有在执行身体的特殊职能时，才能成为一只手臂，所以它与整体之间是不可分割的。但这个整体要成为一个真正的、有意识的、活泼的整体，必须让这只手臂去自由地发展其自身，如果整体只把手臂当作身体的附庸，那么这个整体也不过是一个僵死的整体。所以斯巴达的问题在于它固然有一个整体，但它没有个体，在它这里个体原则并没有得到真正的实现。

既然黑格尔的方案是主观与客观、个体与共同体兼收并重，那么他的方案到底具不具有可行性呢？滕尼斯会说，只有把个体人格消融在整体人格之中，形成一种直接的认同，共同体才能够被创造出来。而黑格尔要求个体性、个体人格与个体自由得到真正的承认与发展，岂不会破坏掉背后的整体，变成滕尼斯所讲的近代市民社会或涂尔干所说的有机团结吗？我对黑格尔的构想是这样理解的：他首先在个体性与主体性之间进行了内部切分，指

---

❶ 黑格尔著，贺麟、王太庆等译：《哲学史讲演录》第1卷，商务印书馆1959年版，第382页。

出主体性其实有两种，一种是"特殊性、个人意志"，也就是滕尼斯与涂尔干所害怕的那种可以对共同体构成威胁的个人意志；因为此时我所关心与要求的，仅仅是我纯粹特殊的权利获得满足，例如斯巴达的母亲此时就会对共同体提出，必须把我儿子的生命还给我，我的儿子为什么要为了城邦去牺牲？而且他们是全部阵亡，这完全是不合理的。在这个意义上，我要求得到我的权利，所以我只能出一个儿子给斯巴达军队服役，其余四个都应留在家里。此时个体与整体之间产生了一种对抗关系，而个人的特殊性与整体理性之间存在张力，它们并不是直接统一的。另一种主体性是真正的内心的和"精神的主体性"。也就是说，黑格尔将主体性切分为一种纯属个人的主体性与一种精神的主体性。黑格尔也许会说，这样一种真正的、精神的、理性的主体性会支持斯巴达母亲将五个儿子全部送入战场，为了城邦的胜利，即使全部牺牲也心甘情愿。所以黑格尔假定了这样一种个体同国家及整体不冲突的主体性，它代表着我在经过反省之后还是能够自觉自愿为国家作出更多牺牲。

黑格尔在区分了这两种主体性以后，也区分了两种解决方案：第一种是市民社会的解决方案，也是滕尼斯与涂尔干都谈过的，即市民社会可以消化第一种特殊性——个体身体可能同国家不一致的主体性，即特殊性、个人意志。黑格尔说，在市民社会中特殊性和普遍性虽然是分离的，但它仍然是相互制约与相互促进的。黑格尔对此的解释与古典国民经济学是一致的：打个比方，我现在有一项生存技能，那么我将基于分工与交换同别人之间形成一个互补关系——我借此来满足自身的特殊利益，与此同时我也必须考虑他人的利益。因为在这样一个交换社会之中，如果他人利益得不到保障，交换不能顺利完成，我自己的利益也无法得到实现。所以在这个意义上，整体和个体之间虽然存在分离，但并不是完全的对抗关联，而是一个间接的统一的关联。黑格尔说，在这种市民社会之下，"理念在自己的这种分解中，赋予每个环节以独特的定在，它赋予特殊性以全面发展和伸张的权利"❶。柏拉图的理想国所不承认的特殊性和主观自由，以及斯巴达所不承认的个体自由，在这里都可以得到承认，每个人的择业自由、良心自由与迁徙自由都可以得到承认。所以黑格尔说市民社会赋予了特殊性以全面发展和伸张的权利，但同时它也赋予了普遍性以证明自己既是特殊性的基础和必要形式，又是特殊性的控制力量和最后目的的权利——因为在经济市民社会里面，不同个体之间的特殊性并不是完全对抗性的，个体为了实现自身的目的，必须同时考虑到他人和整体的目的，这就使得在个体恶跟整体善之间形成了一个非常辩证的关联。当然，这是黑格尔所设想的经济市民社会下个体同整体、主观性同客观性的结合方式，而我认为即使在近代的政治市民社会下，这种结合方式也同样可行：选举权也好，公共舆论的权利也好，黑格尔在某种意义上也承认这些权利都可以得到伸张，因为尽管个人的自由言论有其对国家的破坏性，但是国家制度与国家理性在这个时候已经足够强大了，国家不仅不需要惧怕这些言论，还能够从个人的言论之中获得收益——如果个人的言论是有益的，国家可以采纳；如果是无益的，可以忽视。但是国家不能采取简单的压制态度，因为个人的言论权与选举权是近代个人的基本权利，如果否定这样一种权利，那么就只能建成像斯巴达一样的纯共同体式国家。

以上是黑格尔结合个体主观性和社会整体性的市民社会方案，

---

❶ 黑格尔著，范扬、张企泰译：《法哲学原理》，商务印书馆1961年版，第198页。

除此以外，黑格尔还构想了一种国家方案。如果说市民社会方案所解决的是前一种主观性，即个体特殊性与社会整体性之间的矛盾，那么黑格尔的国家方案就是对应于他区分的后一种主体性，即那种真正的内心的精神的主体性与国家整体性之间的关系。为什么黑格尔会觉得斯巴达母亲的这种行为在现代还可以再现，即国家与个人之间还可以重新实现统一？因为他相信如果个体自由发展到它的高级阶段，它就不再是个体特殊性、任意自由的单纯显现，不再表现为一种对抗整体的自由，而是一种精神的自由，可以认识整体中所蕴含的理性，并且会主动去希求这样的理性。所以黑格尔才会认为，斯巴达的情形，在真正个体自由的基础之上，是可以在现代国家中重新得到彰显的。他说："现代国家的原则具有这样一种惊人的力量和深度，即它使主观性的原则完美起来，成为独立的个人特殊性的极端，而同时又使它恢复到实体性的统一，于是在主观性的原则本身中保存着这个统一。"❶ 所以在黑格尔看来，容忍并发展这样的特殊性与个体自由，并不会对整体构成伤害，反而可以促进整体的全面发展，让其成为真正的现实的活的整体。按照黑格尔的上述构想，斯巴达固然已有个体与整体的统一，但在黑格尔看来，那只是个体与整体之间直接与抽象的统一，因为斯巴达对于主观性是不予承认的，但现代国家既可以承认主观性的权利，又可以在主观性之上重新恢复斯巴达所要求的整体性与实体性。这种构想之所以能够成立，更深层次的原因在于黑格尔相信每个人都是潜在具备理性的，而这种潜在理性经过陶冶发展以后，最终会上升到康德语境中的实践理性。个人的自由发展到顶峰并不是一种任性而为，而是一种自我立法与

---

❶ 黑格尔著，范扬、张企泰译：《法哲学原理》，商务印书馆1961年版，第260页。

自我守法。在这个意义上，黑格尔与康德并没有实质区别。

　　对于黑格尔所谓个体与整体和解的国家方案，即斯巴达母亲式的解决方案，我们为什么会觉得难以接受？因为我们会认为这不是挂羊头卖狗肉吗？难道现代国家的要求就是让我把儿子们全部贡献出来，为国家牺牲吗？我觉得黑格尔这里还有一个原则是值得大家关注的，即他一方面认为个体自由发展到极致会成为一种真正的理性，它会自我立法、自我守法，像是孔子所说的"从心所欲不逾矩"。虽然好像是自我的任意选择，但是这种选择不会突破伦理道德的礼法界限，而是表现为一种趋向理性的自由。但是从另一个方面讲，对于这个礼法与国家——这一客观性与整体性的维度，黑格尔也有一个要求：一个个体愿意去认同与理解的国家绝不能是一个非理性的国家，而必须是一个具备理性的制度和法律的国家。比如说在斯巴达母亲这件事情上，黑格尔会认为城邦之间的战争是一个非理性的行为，所以在这个时候，如果共同体整体所体现出来的普遍理性不是真正的理性，而只是一种单纯的战争狂热，那么个体在这个时候就有权利拒绝整体的要求。所以，黑格尔在面对斯巴达母亲这个例子时就可能会这样说：是不是斯巴达作为一个自由国家，这时真的面临生死存亡了？如果是处于生死存亡的关头，需要每一个公民牺牲自己才能维持他们的自由和独立，那么斯巴达母亲的行为就是可以被接受的。但是如果这个行为仅仅是满足了斯巴达的征服欲，其目的在于侵害其他的城邦，占领更多的土地，掠夺更多的战利品，在这个意义上斯巴达母亲的行为就是不可接受的，因为这个共同体并没有体现出真正的理性。如果此时个人去认同这样一个共同体，服从这样一个共同体，那么个人的理性何在？个人的理性其实就等于消失不见了，在这种情况下，共同体的疯狂叠加了个体的疯狂，十足会促使斯巴达成为一个完全的战争机器。所以如果黑格尔要重建这种共同体的话，他的国家方案是要求不论是整体方面还是个体方面都要达到真正的理性。个人的理性自由加上作为客观理性体现的国家，才可能成为黑格尔所要求重建的共同体，从而实现个人与共同体的真正和解。

最后再来总结一下，我认为黑格尔所要求重建的共同体是一个伦理共同体。伦理共同体也就是指国家是具体自由的实现，但具体自由不仅仅在于个人的单一性及其特殊利益在市民社会里获得完全发展，而且在于他们主体自由的权利获得明白承认，并通过自身过渡到普遍物的利益，但是它不应该同普遍物之间形成一种对抗关系，而应当认识和希求普遍物，最好能与普遍物之间形成相互补充、相互认同的关系，甚至承认普遍物作为他们自己实体性的精神，并且把普遍物作为他们的最终目的进行活动。所以我认为，黑格尔所谈及的共同体并不是滕尼斯与涂尔干意义上那种基于传统、习俗、宗教所形成的，强调整体人格优先于个体人格的共同体，而是一个基于真正理性要求所形成的市民社会建制和现代国家建制。如果黑格尔要求一种对于个体自由与主观自由的承认的话，我觉得他可能有两方面指向：一方面是我们选择特殊性、追求自身利益的、任意性的权利，这种权利在市民社会中被他进行了合理安置；另一方面他又会说这样的自由是不够的，还应该有一个更高的自由——真正的理性的自由，"从心所欲不逾矩"的自由，在理性的国家框架中同理性国家之间形成一种共振关系、共鸣关系，这样的理性与自由将赋予共同体以真正的活力和生命。换句话说，只有将真正自由的个体吸纳入自身内部，这样的共同体才不是一个抽象的、僵死的、机械的共同体，才有机会成为一个有机的、活生生的、理性的共同体。

魏 博

陈浩老师所讲有三点令我深受启发。第一点是在谈及滕尼斯的那一部分，我觉得这是一根非常重要的红线，它意味着在理解共同体和社会之间存在着古今之变这样一个维度。简单来说，其实就是到底是把观察问题的视角放在整体和共同体这一侧，还是放在个体和个人这一侧，这一点是在共同体学说或观念史研究当中一个很重要的分水岭。在这个意义上来说，黑格尔还是以一个现代性的方式向我们展现出他对自由的理解，他还是把个人的自由放在一个很重要的位置上。但是陈浩老师也谈到了黑格尔共同体学说另外一个特点，也是令我很受启发的第二点：它具有一种很奇特的特征，即他对主体的理解具有两个方面，或者说在他的共同体概念当中，一直是保持着一种共同体和个人之间的张力，这在市民社会和国家这两个部分尤为明显。我很受启发的第三点是黑格尔在以伦理共同体的方式思考国家与市民社会时，总是试图使个体与社会以国家这样一种实体方式达成和解，无论是从理论本身还是从黑格尔的哲学特征上来说，我对这一点都是非常认同的。但是在黑格尔学说的传播过程中，或者说在他的理论接受效果史当中，应当说在后黑格尔哲学——尤其主要是在青年黑格尔派和马克思的理论中会更加尖锐化地去把握他的学说的内部矛盾，会把他概念当中内在的张力完全理解为一种对抗性关系。这也是我接下来想要说明的内容。我主要分四个部分来讲共同体概念如何向联合体概念过渡：共同体概念与观念的统治；施蒂纳的"唯一者的联盟"；马克思的"唯一者的联盟"批判；自由人的联合体。

其实第一个部分也是接续陈浩老师的话题，主要讲黑格尔共同体概念中所存在的张力。我们刚才说到，黑格尔那里实体的部分和主体部分、共同体和个人之间存在一种张力。但在后黑格尔哲学——也就是青年黑格尔派的视野下，他们会把这样一种张力理解为一种观念的共同体或普遍观念对个体与个人自由的压制。在这样一种"观念的统治"之下如何实现个体自由呢？青年黑格尔派的重要学者施蒂纳便提出了自己的构想。他认为应当从经验层面或存在层面去理解个人，然后以此为依据重新建构个人之间的关系。据此，他提出了"唯一者联盟"的构想。这一构想对马克思的想法也带来了一定冲击。马克思一方面对施蒂纳这一构想非常不满意，所以对施蒂纳的利己主义与只在抽象角度思考这一问题进行了尖锐的批评。但在批评"唯一者"构想的过程当中，马克思产生了一个积极的想法，也就是我们将在第四部分要谈到的"自由人的联合体"。其实也像刚刚陈浩老师所谈到的，黑格尔语境下的个人与共同体究竟是何种关系？在我们的现实生活当中，能够用感官感知到的其实都是个别的存在者与个体，共同体对我们来说是看不见也摸不着的。比如我们称某个民族或某个国家是一个共同体，这样的讲法通常都是我们在脑海中想象的那样一个形象，是感官无法感知到的。当然，我们可以从地图上看到国家的版图，但这种方式其实还是符号性与观念性的。那么作为一种观念的共同体到底是如何在现实中实现的呢？其实陈浩老师也讲到了，在黑格尔那里它的实现是一种很特别的方式，这种方式建立在很深刻的神学与基督教传统之上，也就是来自阿奎那的共相寓于殊相之中、本质寓于存在之中，并且共同体通过个体来实现。因此，黑格尔会说共同体是个体的本质和目的，也就是说在个体诞生之前，共同体就已存在了。简单来说，共同体和个体在黑格尔那里是被当作观念和实存的关系，他在《法哲学原理》当中有两个非常经典的段落就谈到了共同体与个体的关系问题。

第一段是在《法哲学原理》第145节的补充部分。他在这部分表达根本含义时指出共同体是个体的本质和目的，而个体是共同体实现自身的手段。他是这样说的："因为伦理性的规定构成自由的概念，所以这些伦理性的规定就是个人的实体性或普遍本质，个人只是作为一种偶性的东西同它发生关系。个人存在与否，对客观伦理来说是无所谓的，唯有客观伦理才是永恒的，并且是调整个人生活的力量。因此，人类把伦理看作是永恒的正义，是自在自为地存在的神，在这些神面前，个人的忙忙碌碌不过是玩跷跷板的游戏罢了。"❶黑格尔这段话看似很绕，对于"伦理性的规定构成自由的概念"，可以这么理解：伦理在黑格尔的语境下通常是一种实体性的存在，例如社会或国家，它的种种环节都构成了它的规定，而伦理将这种规定实现出来时，它是以一种实体性的、自由的形式呈现的。在个人出生之前，这种规定就是个人已经先行拥有的并不以个人意志为转移的普遍本质。但是在伦理共同体当中，个人只是作为一种偶性的东西存在着。也就是说，无论多一人或少一人都不会影响共同体的本质。个人相对而言只能说是共同体的一部分，对它而言只是一种偶然存在。黑格尔这种想法其实有很多古典的传统，比如说在亚里士多德的政治学当中，他也会强调城邦是优先于个人的，城邦和个人的关系就类似人的躯干与手之间的关系。当我们把手砍下来时，这只手就失去了促进整体发展的功能。一只远离躯干的手实际上只是在"同音异义"的层面上具有存在的含义。它虽然被叫作"手"，但它只

---

❶ 黑格尔著，范扬、张企泰译：《法哲学原理》，商务印书馆1961年版，第165页。

是与"手"有相同的读音,却丧失了被称之为"手"的本质与意义。个人存在与否对客观伦理来说也就是无所谓的,只有伦理共同体——社会和国家才是永恒的存在物,它是调节每个个人的社会生活实践的根本性力量,是"在地上的神"。在如此神物面前,个人每天的私人生活如何也是不重要的。所以在这个意义上黑格尔会认为共同体是第一位的,而个体只是作为共同体实现自身的一种手段而存在着。但另外一方面,黑格尔也非常强调个体自由的意义,他认为个体自由是没有办法仅仅通过自身去实现的,虽然个人可以通过自己的努力奋斗来获得一部分的自由,但如果个人想完全积极地实现自由的话,就必须要仰赖于共同体。举例来说,有一个成语叫"国破家亡"——"国破"是会直接导致"家亡"的。对于一个久战破败的国家来说,老百姓只能流离失所,当个体已经无家可归之时,他们也就自然丧失了获得自己完全而积极自由的可能性。

  黑格尔在《法哲学原理》的第257节也谈到这一点,他说:"国家直接存在于风俗习惯中,而间接存在于单个人的自我意识和他的知识和活动中。同样,单个人的自我意识由于它具有政治情绪而在国家中,即在它自己的实质中,在它自己活动的目的和成果中,获得了自己的实体性的自由。"[1]个人如果抱有对国家繁荣的强大信念,想成为一名积极的公民,就必须把自己的心放在政治国家之中。只有在这个过程中,个人和作为伦理共同体的普遍物才能达成一致。同时,个人也就具有了政治立场与情绪——爱国心。通过这种爱国心,个人会把自己的行动、精力、意志等全部奉献出来,使共同体更加繁荣昌盛。在这个过程当中,个人自由

---

[1] 黑格尔著,范扬、张企泰译:《法哲学原理》,商务印书馆1961年版,第253页。

也就更加发达。可以看到，黑格尔一直在描述一对具有张力的概念：个人的自由或主观的自由依赖于共同体的发展。既然个体自由依赖于共同体的发展，因此在不同的共同体当中，个人自由的实现程度也是迥异的。在黑格尔的《历史哲学》当中，他列出了一个主观自由线性增长的趋势，他指出主观自由的"太阳"从东方升起，经过希腊、罗马与日耳曼后达到了顶峰。他认为在以中国为代表的东方社会只有一个人知道什么是自由，就是皇帝。而他的国民却全然不知何为自由，只能对他们进行思想的灌输——当然，这可能是非常西方中心主义的看法。在希腊与罗马，只有少数人知道什么是自由意志，在希腊世界中，只有作为城邦的公民才能参与到城邦政治之中，才具有政治权利。而在罗马这一点更为突出：只有元老和贵族才拥有政治权利。而黑格尔认为日耳曼世界与前面这些社会阶段均不一样：在日耳曼，全体人都知道什么是自由，这个自由不仅仅是我们一般意义上理解的"权利"，它主要包括三个方面：第一个方面当然是有能够自由地选择自己生活、职业的权利，能够在市民社会中拥有满足自己的主观能动性来获取财富的自由。第二个方面指个人能上升为某个等级参加到政治国家当中，去实现自己的积极的自由。第三个方面是黑格尔同很多哲学家具有差异之处，即他认为达到上述两种自由还不够，还要达到一种宗教维度上的自由，也就是达到自己和绝对精神和解的状态。而只有在日耳曼社会中这样的和解状态才能够通过路德新教成为个体内心的主观因素，继而使个体能通过自己的内心去找到上帝。因此在黑格尔的理论中，"日耳曼世界"就已经达到了历史的终结之处。但我们在《法哲学原理》当中也能够看到日耳曼世界的共同体并非没有矛盾，比如说在市民社会中所存在的贫困问题，在政治国家中存在的等级问题：一方面，由于分工的发展，每个人都以自己为目的去追逐个人私利的实现，所以社会财富得到了充分发展；另一方面，由于个人只把自己当作目的，而把他人当作手段，因此个体的不同分工与天资禀赋就会造成财富的集中，也就造成了贫富差距问题的出现。当贫富差距达到极端时，就会出现一个被排除在分工体系之外的极端贫困群体，黑格尔称之为"贱民"。"贱民"最主要的特征就是他们因为无法靠劳动实现自食其力，而无法获得来自社会的认可而无尊严感，于是对伦理共同体这种普遍物产生一种敌意。他们有可能会蜕变为"暴民"，认为是社会与政府造成了他们的贫困，从而产生无政府主义的想法；另外他们也有可能成为斯多葛主义者——躲到"木桶"之中，对除自己之外的世界不闻不问，只维持着自己清贫的灵魂。同样在政治国家当中，也没有像黑格尔构想一般能够实现所有个体的积极的自由。在政治国家中，像君主之类的人天生就是自由的，他们一出生，国家主权就如同"道成肉身"一般降临在他们身上，所以他们直接和国家的普遍性等同，拥有了实体性的自由。而例如贵族以及与土地有直接关系的农民等这些等级，如果国家丧失了领土也会直接影响到他们的土地，因而他们也与国家的利益一致，可以直接获得这种自由。此外还有一些等级只能通过选举或委派的方式参加政治活动，例如在市民社会中的工商业等级，他们只能通过推选行业领袖成为议会代表参与政治活动，这就意味着大部分在市民社会中从事经济活动的市民无法直接参与到政治国家的运作之中，他们的意志只能通过"代表"这种间接方式反映出来。所以在黑格尔的构想中，在政治国家中并非每个个人都能获得积极的自由，只有等级能够决定能否获得自由。

这样一种概念矛盾在德国三月革命前得到了体现。史学界一般会把三月革命前的时期理解为法国七月革命到德国三月革命之间的时期，也有观点会把起点定为维也纳体系确立的1815年，把整个梅特涅的复辟时期算进来。我倾向于把1840年弗里德里希·威廉四世登基到1848年三月革命爆发这一时期看作德国晚期启蒙运动时期，或说是三月革命的政治准备时期。在这个时期产生了一系列围绕黑格尔哲学特征所进行的讨论。在黑格尔哲学当中，一方面具有实体性（共同体）的一侧，另一方面也具有主体性（个体）的一侧，一些人依据实体性一侧去解释宗教和王权的合理性，另一些人则依据主体性的特征，例如人的本质、自我意识与自我规定去理解个人，由此便形成了一种对抗。在这种对抗中，青年黑格尔派便脱颖而出，他们主张制定民主宪法和获得选举权，进而实现德国社会和政治的平等。他们当时的舆论阵地主要是《莱茵报》。但遗憾的是，威廉四世上台之后，《莱茵报》就被查封，因为威廉四世极其保守，他并不想兑现威廉三世的宪政承诺，而是想重新复辟哈布斯堡王朝。威廉四世治下的普鲁士实际上是一个基督教国家，启蒙运动遇到了危机。因为启蒙运动所倡导的是希望民众能够按照个体的自我决定去看待共同体与国家，但当威廉四世将《莱茵报》关闭时，这些青年黑格尔派却失望地发现，居然没有群众帮他们请愿，连《莱茵报》的主要领导人最后都在查封同意书上签字，这时他们才意识到自己一直宣扬的哲学意义上的启蒙可能存在一定问题。为了克服启蒙的危机，他们开始寻找新的构想来对抗共同体的观念，施蒂纳就在这一过程中凸显出来。施蒂纳将普鲁士的基督教国家视为"观念的统治"。在青年黑格尔派中，他最早发现了这种观念的统治结构，即"普遍观念—教育者—受教育者"的三元结构。所谓的普遍观念通常来讲是一种民族精神在宗教、道德与法律之中的现实化。作为教育者的牧师要去领会这些普遍观念的意义，并且将普遍观念传达给受教育者，而受教育者的义务就是完全顺从地接受普遍观念。显然，在这样一种教育理念下，它所培养出的学生和民众只能是一种顺从的人，这样一种教育实际上就沦为了统治者的工具。为了反对这种教育理念与观念的统治结构，施蒂纳指出不应从普遍观念出发，而要从经验的个人这一角度出发，提出了"人何以成为完全从自我出发的人"的三阶段论。首先，在第一个阶段，人是自私的人，是一个自然的生物，他既不会关心别人，也不知自己为何物，更不会产生自我规定，他只会受自然所驱使，例如爱的激情，去追寻其他人。当他受爱的激情影响去追寻其他人时，也就进入了第二阶段——一个追寻爱人的阶段。在这个阶段中，他实际上被一个他者所规定，而不是去进行自我规定。爱一个人意味着"我"会让渡出我自己的本质，使得"我"的规定受到他人所制约，在施蒂纳看来，这显然就是一个异化状态。我们必须扬弃这一状态而进入理性的自觉状态，使得能够完全从理性角度去行动，或从自我规定与自我意志的角度去考虑问题。当一个人成为能够完全自我规定的人之时，他就达到了施蒂纳所讲的"唯一者"这一层面。什么是"唯一者"？施蒂纳认为，唯一者的第一个特点是不从普遍观念当中去寻找自己的价值，例如不从社会施加给个体的伦理习俗和社会观念当中去给个体进行定位，个体也不把普遍观念当作自己的人生目标。这不仅仅局限于精神或道德层面的价值，同样包括不把钱财等物质财富作为自己价值的衡量物。所以施蒂纳会说，所有带有普遍特征之物都不会是"我"的根据，"我"的根据只能是"我"的存在。"我"只能从"我"的经验性存在于生活中去理解"我"，而"我"的存在才是决定所有物的一种规定性。因此，任何价值实际上都不取决于国家与社会是如何规定的，只取决于我们如何看待它们。如果我认为物对于"我"是有利的，那么它就是有用的。所以在这个意义上，"我"完全成为"唯一者"。但个体是没有办法在这个社会当中孤立存在的，社会不会因为个人的无视就不存在了，所以施蒂纳就需要解释为何已经是"唯一者"的个体还处在某种社会关系之中。正是在这种思考中他提出了"唯一者联盟"的构想。当然，施蒂纳也承认，人确实是要生活在社会之中的，社会是人的一种自然状态，但这并不意味着个体生活在社会中就是一种好的现状，这最多只能被称为能在社会当中"活着"。个体不过是作为社会的"人"实现自身的一种手段与目的而已。所以从个人和"人"的对立视角来看，社会其实是"个人"的异化状态，"唯一者"结成联盟就是要反对社会这种异化状态。第一个步骤就是将社会解体，如果个人还处在一种社会关系之中，那么个人也不能被称为"唯一者"，因为个人始终还受到第三者——在个人之上的"大他者"的调节。个人必须完完全全地从社会中脱离出来，成为一个纯粹的自我来进行交往，这样的交往不像是我们在"社会契约论"中所看到的那种每个个人一旦签订契约，就把他的权利让渡出去的行为。"唯一者联盟"是一种不固定的团体，是随时处于流动当中的自我联合。唯一者联合的目的是维护"唯一者"的独自性，而不是为了破坏独自性。当这个联盟不利于独自性的维护时，"唯一者"可以随时背弃联盟。在这个意义上来讲，联盟就只是"唯一者"在竞争当中去获取优势的工具。在联盟中，每一个"唯一者"都只是互相利用的关系罢了。

这样的构想就打破了共同体的政治构想的桎梏。首先，共同体是一个"普遍"通过"个别"将自身实现出来的纵向结构，而"唯一者联盟"是每个独立的个体自身都作为行动的终极原因去构建出来的，所以它是发生在主体和主体之间的关系，而不是一个普遍物和个体之间的垂直关系。其次，"唯一者联盟"不像共同体处理的是人的观念和精神的认同这类事物，它主要是在经验层面去处理交往（即每个人的联合或背叛）背后的物质动机，它与共同体的区别在于个体在观念当中并不是为了某一个共同的目的去进行合作，而仅仅只是在强调自己个人的利益。施蒂纳的"唯一者"实际上是一种纯粹利己性的唯一者。再次，"唯一者联盟"要求个人之间真正的交往与联合不需要第三者中介——即任何制度、机构或观念等外在的普遍物，个人彼此之间并不是在等级关系中的人格依赖关系，也不是在商品社会中通过货币、资本和商品等互相联系的物的依赖性关系。施蒂纳这样的构想对马克思造成了一定冲击与启发。尤其是第三点，其实也体现在马克思所构想的"自由人的联合体"之中。马克思也希望个人是既不依赖于人格的，也不依赖于物的。

我在此也简单说一下马克思对施蒂纳的批判，主要分为两个部分，第一个部分是对"唯一者联盟"的前提进行批判。"唯一者联盟"的前提是：在"三位一体"的观念的统治结构中，教育者本身掌握了将普遍观念灌输给受教育者的权力，所以他们在这个结构中是优势等级或统治等级。因此，个人必须反抗这样一种灌输性的教育与观念的机构，成为仅仅从自己出发的唯一者。那么，这样一种观念的结构其实并不是一个真实的权力关系。马克思认为施蒂纳只是看到了问题的表面，因为这样一种意识形态性的观念结构实际上是从人的物质交往的现实生活中抽象出来的。观念的权力背后是一种物质权力，在物质上占统治地位的阶级想把自己对人与历史的理解表达为一种普遍物，或他们想将自己的物质利益关系在观念中进行表达。

那么，应当如何废除"唯一者联盟"的构想呢？马克思认为在前共产主义阶段的共同体都是一种虚幻的共同体，"虚幻"体现在统治阶级只是将自己的特殊利益表达为共同体的普遍利益。在资本主义社会之中，资产阶级掌握着生产资料，而劳动者不具有对生产资料的所有权，只能出卖自己的劳动力，因而劳动者是没有办法参与到生产力的分工体系之中去领有社会普遍生产力的成果的。资产阶级可能会诡辩：劳动者出卖体力是对自我价值的实现，而资本也为共同体的财富增长实现了它的效能与作用。但这样的说法实际上是对一种本质性结构的遮蔽，即在雇佣劳动中只有劳动才能生产出价值。如何扬弃这种虚幻的共同体呢？马克思给出了两个方面的答案：第一个方面是必须极大促进生产力的发展和交往的普遍化。因为没有生产力的繁荣，物质水平也就无法实现极大丰富；同时没有交往的普遍发展，也没有办法在全球范围内实现联合，只要还有地域性的生产关系存在，这样的地域性生产关系一定会被普遍交往所破坏掉。实现了上述两点同样是不够的，还需要第二个方面，要有一个阶级有意识地废除旧的生产关系——也就是无产阶级有意识地废除私有制，这样才能达到一个新的阶段，也就是"自由人联合体"阶段。马克思、恩格斯是这样描述"自由人联合体"的："而在控制了自己的生存条件和社会全体成员的生存条件的革命无产者的共同体中，情况就完全不同了。在这个共同体中各个人都是作为个人参加的。它是各个人的这样一种联合（自然是以当时发达的生产力为前提的），这种联合把个人的自由发展和运动条件置于他们的控制之下。"❶ 马克思、恩格斯在这段话中强调了两点内容：首先，无产者的共同体与以往的共同体不同之处在于它的生存条件与生产资料必须为社会全

---

❶《马克思恩格斯文集》第1卷，人民出版社2009年版，第573页。

体成员所占有，是每个个人的全部占有。其次，对于马克思、恩格斯所讲的"这种联合把个人的自由发展和运动条件置于他们的控制之下"，我们之前会从计划经济的意义上去理解，但其实马克思、恩格斯所讲的控制生产条件并不意味着让个体逃避劳动，而是想说个体劳动已经不再是一种资本主义社会下的被迫劳动，而是一种为了自己与他人而主动劳动的情况。所以"自由人联合体"下的劳动具有了主动性。当然，从我们当前时代的角度来看，马克思"自由人联合体"的构想依然有些粗糙之处，我们很难为此描摹出一个具体的形象，我认为这是开放性的问题，"自由人联合体"在理想形态上究竟是什么样子，可能是还在历史之中向所有人所开放的设想。

陈 浩

我比较好奇的是，在魏博老师看来，马克思所认为的共同体和联合体的根本区分是什么呢？马克思之所以选择了"Assoziation"（联合体）一词，应该也是有所考量的，因为"Gemeinschaft"（共同体）这个单词马克思之前也用过，他改用"Assoziation"是有什么独特的意义指向吗？

魏 博

这其实是很重要的一点，也就是马克思为什么没有用"社会"而用"联合体"来代表这个概念与共同体的不同。首先，我相信陈浩老师也肯定认同联合体和共同体并不是一个模式，陈浩老师也谈到在共同体中有一个实体性之物在我们之上，要优于我们。很多哲学家都有类似的想法，尤其是在黑格尔的哲学之中，共同体是作为本质和目的存在着的。那么在后黑格尔哲学的语境之中，大家普遍比较反感有这样一个在个人之外的东西存在着，而这个东西又是异化的存在，它始终控制着个人。因此后黑格尔学者们进行了许多探索，例如费尔巴哈主张从人本身出发，把这个关系颠倒过来，但他这个工作并不成功，因为他把社会性看作是类本质。鲍威尔也有所探索，他认为普遍的自我意识就是社会的本质，但也陷入了囹圄之中。从这个意义上说，具有突破性的学者是施蒂纳，他认为我们应当摒弃那种来源于我们却在我们之外的本质。在他们的语境下，社会与国家均是这种本质的体现，都是一种异化产品。因此从当时的时代背景来看，大家比较倾向于不使用"社会"这个概念，马克思应该是受这一思潮影响，因此也不愿意用"社会"这样一种有上下关系的观念，一旦谈到上下观念就意味着异化状态。那么如何才能表征非异化状态呢？这就是人与人之间不通过货币、等级观念与血缘关系等方式所构建起的纯粹个人交往。所以马克思在这里使用"联合体"一词反映了如上想法，它是从主体间的模式出发的。

陈 浩

我觉得这一点非常有趣，因为这样一个在个体的关系之外的实体性存在物，我们称之为共同体也好，社会也好，它跟个体之间都是分离的，它是一个上位同下位的概念。所以对于共同体而言，它是一个直接的整体。一般的共同体概念下，共同体是优先于个体的，个体必须接受价值共同体这一制度模式，因此个体没有权利质疑共同体。而如果是对于社会而言，正如马克思讲到的，人与人交往之间所形成的生产力与生产关系即是从人本身中被抽离出来，在人之上形成了对人的一种控制力量，所以这一点我认为也是符合魏博老师所说的上位下位概念。在社会中从个体出发而形成的强调个体自由的社会关系，与从整体出发的共同体之间是完全不同的。社会关系既然是个人之间通过交往分工所形成的，为什么它与个人之间还会形成这种割裂呢？所以我认为魏博老师所讲的非常重要的一点是：即便在社会之中，不同个体之间所形成的社会关系，也会以各种不同形式从个体之间分离出来，有时会以生产力的形式呈现，有时则会选择阶级国家这样的形式。所以总归来讲，它不是个体可以直接把控的、不是与个体直接同一的关系，而是外在于个体，反而对个体形成控制乃至压迫的存在物。所以我非常同意魏老师所讲的一点，也就是"联合体"观念应是设想有一种真正的个人同个人之间的关系，我们称之为社会也好，共同体也好，但它决不能脱离个体，不同个体应该对这种力量有一种直接的统一关系，并可以控制这种力量。如果从这一角度出发，马克思强调主观自由和个体的思想还是很突出的。而且就像魏老师谈到的，青年黑格尔派对实体性有所反感，发展到施蒂纳成为极端。施蒂纳强调唯一者，就是为了反抗普遍物对"我"这个唯一者主体本身的压迫关系。但马克思在这个意义上对施蒂纳好像是有所认同的，也就是必须从个体出发。但他相较施蒂纳理论先进之处在于没有极端化，强调唯一者的联合体才是真正的联合体。马克思似乎还承认在个体之外是可以有一个作为普遍物的联合体存在的，但他认为这样一个普遍物之间不能同个体产生冲突与对抗的关系。所以我认为马克思相比于施蒂纳更强调个体性与特殊性的观点，立场又回撤了一步，但比费尔巴哈、鲍威尔等强调普遍性与整体性的观点更前进了一步，处于一种中间立场，这是我所直接认识到的。

魏　博

陈浩老师最后谈到的"马克思与施蒂纳的相似性"这一点，也是在学界被广为谈及的看法。德国有一位施蒂纳的同情者艾斯巴赫曾经写过一篇题为《施蒂纳是马克思主义摇篮旁边的助产士》的文章。这篇文章的内容比标题还要激进。它里面提到一个观点，即马克思所讲的"自由人的联合体"构想完完全全就是施蒂纳的"自由者的联盟"。我非常不认同这样的观点，诚如陈浩老师所讲，虽然马克思与施蒂纳同样都强调了个人和个人之间的关系，都是从个体的自由这一侧出发，但他没有施蒂纳那么极端，他还留存着费尔巴哈那种希望由类本质来实现人的整体解放，从经济束缚中脱离出来的想法。既然是作为整体去脱离，就会有一个社会普遍性的利益或社会普遍性的目标在其中，这是施蒂纳所不具备的。

（文稿整理人：王哲彪）

第十一讲

实践哲学中的劳动与实践

主讲人：魏 博（中国人民大学哲学院讲师）

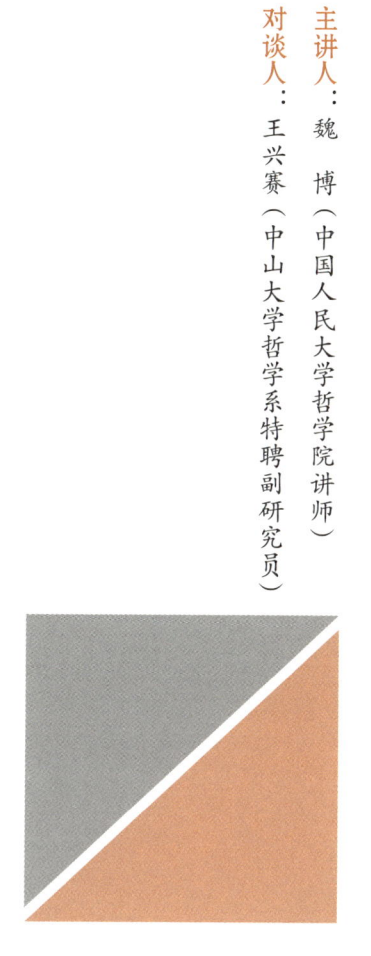

对谈人：王兴赛（中山大学哲学系特聘副研究员）

魏 博

谈到实践这个概念，大家都耳熟能详。有一门课程就叫劳动课，老师带着同学们做手工，有时候会进行一些户外劳动，去院子里种植蔬菜等。如果在这个意义上进行理解，实践和劳动好像是类似的。现在参加社会实践，在某种意义上好像也和就业、工作相关。实践哲学中的劳动和实践听起来好像有一点点重复，但如果稍微了解亚里士多德对这一问题的理解，可能就会有不同的看法。

亚里士多德把人类的知识和活动分成理论、实践和制作三个领域。一般来说，理论主要涉及的是形而上学、自然、逻辑、心灵这些认知活动，或者说涉及知识这一类东西；实践主要指的是人在公共事务中的行为，比如说政治行为、道德行为、关乎荣誉的行为等；制作往往指的是人对于自然的改造活动。如果按照亚里士多德这样的区分，劳动和实践很难被划到同一个领域。将劳动和实践都归置于实践哲学之下，其实是一件非常晚近才发生的事情。

这次话题主要是介绍一下三月革命前德国实践哲学当中的行动、劳动还有实践这些概念的内涵，以及它们之间的演变过程，马克思的劳动和实践有什么样的关联，以及为什么说马克思的劳动概念具有一种人类解放的实践维度；同时也阐述德国哲学和马克思主义哲学在劳动和实践这个话题上的相同点和不同点，以及这两种哲学的精神气质差异。

这次对谈分成两个部分：第一部分是请中山大学哲学系特聘副研究员王兴赛老师讲解黑格尔的行动概念到马克思的实践概念

的概念史；第二部分由我来说明马克思的劳动所具有的革命实践意义。

王兴赛

我对于"实践哲学中的劳动与实践"这个问题的阐述主要分为三个部分：首先讲一下这个问题的现实语境与思想史视域；其次讲黑格尔处理劳动与实践（行动）关系的三个阶段；最后简要分析三月革命前青年马克思关于实践和劳动的思想。

"劳动与实践"的现实语境就是我们所处的时代背景。为什么"劳动"在我们的理论话语和实践中一直都这么重要，这与我们国家的社会主义性质有关系。我国《宪法》（1982年版）第1条就提到"中华人民共和国是工人阶级领导的、以工农联盟为基础的人民民主专政的社会主义国家"，这里面的"工人阶级"和"工农联盟"背后就关系到"劳动"问题。第6条涉及分配原则和制度，其中提到"各尽所能、按劳分配"，当然也提到了按劳分配方式之外的其他多种分配方式；第14条提到"提高劳动者的积极性和技术水平"；第24条提到"爱劳动"的核心价值观；第42条涉及公民的"劳动的权利和义务"等；第43条提到"劳动者有休息的权利"。其他国家的宪法，很少有对劳动作出如此之多的规定，这当然与国家性质有关系。

我国是以马克思主义理论为指导的国家，所以我刚才所陈述的这些《宪法》文本与马克思的劳动和实践的理论密切相关。劳动在马克思整个成熟的思想体系中占据着非常重要的位置。

"劳动与实践"这个主题的思想语境主要涉及概念史层面的研

究。在西方文化传统中，关于劳动，存在着神话叙事和神学叙事等。在希腊神话中，劳动被看作是宙斯的一种惩罚，即人类因普罗米修斯在主持祭品分配中使用计策招致的代价而必须承受的惩罚。在《圣经》中，劳动表现为上帝对人类触犯原罪后的惩罚和诅咒。在这两种叙事中，劳动都是消极性的，缺少积极的意义和价值。当然我们主要探究的是对劳动的哲学分析。众所周知，亚里士多德区分了理论、实践和制作。对于这三者的区分，可以参见《哲学历史词典》关于"Praxis"这个词条的解释（见下图）。

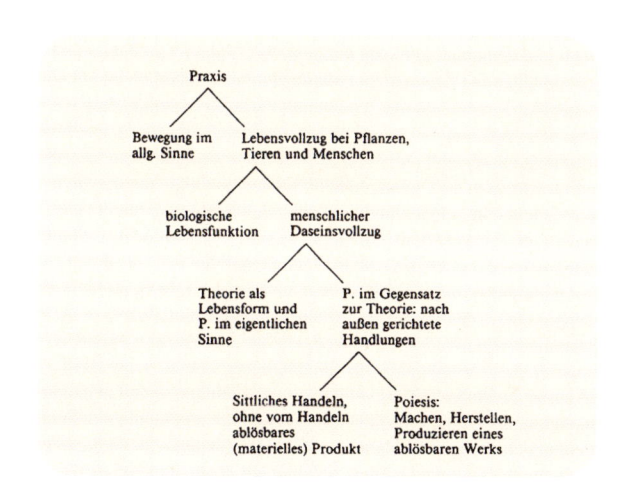

```
                        Praxis
                       /      \
          Bewegung im          Lebensvollzug bei Pflanzen,
          allg. Sinne          Tieren und Menschen
                               /              \
                    biologische              menschlicher
                    Lebensfunktion           Daseinsvollzug
                                             /            \
                                   Theorie als            P. im Gegensatz
                                   Lebensform und         zur Theorie: nach
                                   P. im eigentlichen     außen gerichtete
                                   Sinne                  Handlungen
                                            /                    \
                                  Sittliches Handeln,    Poiesis:
                                  ohne vom Handeln       Machen, Herstellen,
                                  ablösbares             Produzieren eines
                                  (materielles) Produkt  ablösbaren Werks
```

从这张图片中，可以看出"Praxis"有多重含义，理论—实践—制作都包括在广义的"Praxis"之中。在这种三分法中，实践和制作都是"与理论对立的、指向外的行动"，而实践则是其中的伦理行动，即狭义的"Praxis"，这种行动不产生可分离的物质产品。后来阿伦特所强调的"行动"非常类似于亚里士多德的伦理行动，她的"工作"概念则类似于亚里士多德的制作——当然阿伦特又进一步区分了"苦劳"和工作。亚里士多德的这种划分在西方思想史上维持了很长一段时间的支配地位，一直到近代才出现了对这种范式或分类的超越和批判。

提出"知识就是力量"这一说法的培根在自然领域里面将理论和制作结合在一起,即近代科学和技术中经常提到的科技。在亚里士多德的区分里,理论和制作之间并不存在一种统一关系,即理论并不一定会转化到制作、技术层面,这个结合是在近代产生的。康德在自然哲学上保持了培根所开启的理论与制作的结合。在实践领域,康德区分了根据自然概念的实践和根据自由概念的实践,他所强调的主要是根据自由概念的实践。其实康德是将道德实践跟生产性活动区分开,强化了亚里士多德的实践的非生产性,不需要生产出物质产品。因此康德是在伦理和政治领域等规范性问题上强调道德实践,将现实层面的经济领域和生产领域排除在实践范围之外,他的实践主要是指道德实践。

以上是我们理解的黑格尔和马克思处理劳动和实践关系的思想背景。劳动这个词的德文写作 Arbeit,它的动词形式是 Arbeiten。我对黑格尔早期思想作过一些研究,单纯从文本来看,黑格尔早期以"Arbeit/Arbeiten"直接讨论政治经济学意义上的"劳动"的地方不多,他倒多次用"Arbeit/Arbeiten"来指共和主义意义上的政治行动或亚里士多德意义上的行动,比如自由的共和主义者"为自己的观念,为自己的义务而劳作"[1];"他的所有最高尚的力量在真正的工作中得到其满足"[2];"他的祖国观念、他的国家观念乃是一种看不见的、较高的理想,他为了这个理想而工作"[3]。因此,单纯从"Arbeit/Arbeiten"这个主题词来看,它具有经济意义上的劳动和政治与道德意义上的行动双重意义,这

---

[1] 贺麟等译:《黑格尔早期著作集》(上卷),商务印书馆1997年版,第138页。
[2] 贺麟等译:《黑格尔早期著作集》(上卷),商务印书馆1997年版,第147页。
[3] 贺麟等译:《黑格尔早期著作集》(上卷),商务印书馆1997年版,第323—324页。

类似于斯密关于生产性劳动和非生产性劳动的区分。

上面几句引文都是黑格尔耶拿时期之前的文本，很明显他强调的是共和主义者的劳动和工作等，这些都是为国家献身的政治行动。这种用法也在黑格尔耶拿时期的文本和《法哲学原理》中有所体现。比如在《论自然法》里，黑格尔提到自由人等级"指向死亡的劳动"❶，这种劳动其实就是保家卫国的行动。在《法哲学原理》中，他也提到了普遍等级其实就是官僚等级所进行的"为了普遍物的劳动"❷。这些都说明了黑格尔的劳动和实践概念的复杂性。当然我们所讨论的"劳动"主要指的是一般经济学意义上的劳动。

根据里德尔的研究，在黑格尔耶拿时期，劳动与行动的关系在其处理实践哲学的三个阶段中起着重要作用：在第一阶段，黑格尔接受亚里士多德关于劳动和行动的关系的理论，以行动（实践）优先，但也给予劳动以及相应的政治经济学相应的地位；在第二阶段，黑格尔强调劳动作为人对自然的改造和主体的对象化是精神的核心环节，这颠倒了亚里士多德关于劳动与行动的理论；在第三阶段，黑格尔按照"劳动和行动相统一的模式"来解释客观精神，人类世界在家庭、市民社会和国家等领域之中的行动是精神的主题。

具体来说，在第一阶段，在《论自然法》中，黑格尔所构想的伦理整体包括三个环节以及相应的三个体系：实在体系、法律体系、绝对伦理体系。劳动属于第一个体系，它主要是为了满足人的自然需要和享受，因此这个体系又被称为"需要体系"，需要

---

❶ Hegel, *Gesammelte Werke*, Band 4 (Hamburg: Felix Meiner Verlag, 1968), S. 455.
❷ 黑格尔著，范扬、张企泰译：《法哲学原理》，商务印书馆1961年版，第214页。中译文根据原文有改动。

和劳动这个领域正是政治经济学的研究对象。把这个领域作为一个体系，表明了黑格尔对劳动和政治经济学的重视。体现出行动优先于劳动的地方是黑格尔对三个等级的划分和论述——自由人等级对应着绝对伦理体系，以古典实践行动为特征，即保家卫国；非自由人等级对应着实在体系和法律体系，以需要、劳动、财产、形式法律正义为特征；农民等级作为第三等级的劳动具有总体性和无差异性，在战时可以转化为第一等级的行动。

在《伦理体系》中，黑格尔关于三个等级的划分和讨论与《论自然法》中基本一致，第一等级的行动仍旧高于后两个等级的劳动，但黑格尔在这个文本中关于劳动的讨论远比《论自然法》中的分析丰富和复杂得多，也重要得多。马克思曾指出，在黑格尔的《精神现象学》那里，劳动的本质是"把对象性的人、现实的因而是真正的人理解为人自己的劳动的结果"❶。从文本上来看，黑格尔的这种劳动观首先发轫于《伦理体系》，并与黑格尔首次对两种劳动的区分密切相关。两种劳动之区分的逻辑基础是他就直观和概念的关系所作的两种阶次划分，即"把概念归摄于直观之中"与"把直观归摄于概念之中"。第一阶次的劳动是"对经验性的客体的直观的消灭"，即是一种与自然的直接关系，存在自然需要、对自然对象的否定以及需要得到满足三个环节。第二阶次的劳动包括"αα）作为否定性的实践的直观（劳动），ββ）差异（生产和占有），γγ）工具"❷，即这种劳动不再仅仅是为了满足人们的直接欲望，而是为了生产产品，且其所具备的普遍性使其与伦理整体紧密相关，因为它涉及普遍人格的形成、财产和交换，涉及人从完全无意识的感觉或动物的阶段形成有理性的个体，涉

---

❶《马克思恩格斯文集》第 1 卷，人民出版社 2009 年版，第 205 页。
❷ 黑格尔著，王志宏译：《伦理体系》，人民出版社 2020 年版，第 9 页。

及语言的产生等。劳动的机械性和异化也主要是就这种劳动而言的。黑格尔的第一种劳动相应于阿伦特所提出的"苦劳"概念，第二种劳动相应于阿伦特的"工作"概念。

根据里德尔的论述，黑格尔处理实践哲学的第二阶段的特征是，劳动作为人对自然的改造和主体的对象化是精神的核心环节。这个阶段涉及黑格尔哲学思维方式的变化，他从谢林的绝对直观、理智直观的哲学思维方式转向康德，尤其是费希特的意识哲学的思维方式，他从意识重新开始论证劳动。费希特从自我意识结构所提出的下列思想显然被黑格尔吸收了，如劳动在主体间相互承认中的作用、劳动在共同体改造世界的中介作用以及"劳动产生自由"等主张。阿维纳瑞对黑格尔在《精神哲学》和《精神哲学》中的劳动思想有一段精辟的概括："黑格尔的起点是自然；意识的第一个环节是实现它与自然的分离和区分。这种活动引起了克服这种分离，并把自然纳入个人自身之中的冲动……人要消费对象，黑格尔把这个过程分为三个阶段：一是需要；二是需要的克服与实现；三是满足。财产的出现是人类在更高层次上将自然据为己有的另一尝试，此时，占有自然对象不再是为了否定与毁灭它；相反，现在自然对象保存了下来……占有通过他人的承认而成为财产……财产权不是来自单纯的身体需要，因此它具有人类学意义……黑格尔正是在他的哲学人类学的这个阶段把劳动引入到他的体系中……劳动是对于对象的分离之感的间接超越；此外，劳动本质上是主观之物与客观之物的综合之所在……劳动是人和人之间的普遍联系，"劳动是人与人之间的普遍交互作用和教化……是一种相互承认，或是最高的个体性"[1]。在《精神现象学》中，劳

---

[1] 阿维纳瑞著，朱学平、王兴赛译：《黑格尔的现代国家理论》，知识产权出版社2016年版，第108—111页。

动是意识形态的一个环节，在里德尔看来，它是精神的一个核心环节。在这个意义上，它和前面所说的赋予行动优先于劳动有着很大不同，这尤其体现在《精神现象学》中对于主奴辩证法的论述。主奴辩证法可以理解为劳动或行动的辩证法，主人就像古希腊时期的主人，主要从事一些政治行动，而奴隶主要做一些劳动，主奴辩证法就意味着劳动和行动的辩证法。在这里行动和劳动的关系已经出现了颠倒。马克思在《1844年经济学哲学手稿》里承认黑格尔对劳动本质的理解的重要性，即把对象性的人，即现实的也是真正的人理解为人类主体劳动的结果。这里其实存在着一种价值的优先。

里德尔理解的黑格尔实践哲学构建的第三个阶段，或者说劳动和行动关系的第三个阶段，主要以黑格尔的客观精神的出现为划分点。这里主要强调的是劳动和行动相统一的模式，即强调意志。在《精神现象学》中，劳动还是"意识"的一种形态，在《法哲学原理》中则可以理解为"意志"的一种形态，它把道德意志的概念为出发点，通过自我规定在家庭、市民社会和国家等领域实现出来。众所周知，《法哲学原理》区分了抽象法、道德和伦理这三个领域。在"道德"篇中，黑格尔对行动专门作了规定："意志作为主观的或道德的意志表现于外时就是行动……道德的意志表现于外时才是行动。"[1] 从这种规定可以看出，黑格尔的行动概念与康德道德哲学之间的紧密关系。这里的规定表明，行动的内在根据在于主观意志或道德意志，行动是一种外显。黑格尔对作为道德意志的外在化的行动从以下三个方面来阐述：一是行动的个别或直接方面，即故意；二是行动的特殊方面，即意图和福利；

---

[1] 黑格尔著，范扬、张企泰译:《法哲学原理》，商务印书馆1961年版，第116页。中译文根据原文有改动。

三是行动的普遍或客观方面，即善和良心。可以说，整个"道德"篇都是对行动的讨论。《法哲学原理》中除了道德行动以外，在"伦理"篇中还强调了伦理行动。伦理领域区分为家庭、市民社会和国家三个层面。比如在家庭领域中，黑格尔就指出，婚姻是一种自由的伦理性的行动。黑格尔在市民社会中关于劳动的论述非常重要。如果说《精神现象学》中的劳动主要还是一种精神性劳动的话，《法哲学原理》里的劳动就主要是市民社会中的劳动，黑格尔对此作了很多阐述。黑格尔在《法哲学原理》中也对劳动作出了区分，并将劳动规定为将自然所规定的材料进行加工和造型的活动。农民劳动是最基本、最简单的劳动，更重要、更复杂的劳动是产业等级中的产业活动或者说工人生产。这里的劳动具有中介的性质，是从特殊性到普遍性的中介，涉及私人利益和普遍利益之间的关系问题。总体来说，市民社会在黑格尔那里其实是伦理的一个环节，在它之上更高的是国家。市民社会当中的劳动也是其中的一个环节，所以要受到政治国家具有普遍性的政治行动的限制。官僚等级的行动被规定为按照普遍法而行动，其实是为了普遍物的劳动，是一种政治行动，君主的行动、官僚等级的行动、英雄人物的行动，甚至国家行动都属于这种行动。在黑格尔这里，政治行动高于市民社会中的劳动。

　　下面我简要讲一下马克思的劳动和实践思想，后面魏博老师会作更加详细的分析。这里涉及一个阐释背景，即黑格尔去世后，德国思想界弥漫着一股实践哲学转向的风气。青年黑格尔派处于这种转向思潮之中，这表现在他们对"实践（Praxis）"这一词语的迷恋上。比如切什考夫斯基提出，哲学要面向社会，转变为实践哲学："实践的哲学，或者更准确地说，实践哲学——它对生活与社会环境最具体的影响，即真理在具体活动中的发展——这是一般哲学未来的命运。"❶ 因此，哲学的本质是面向未来的意志和行动。这对早期马克思产生了很大影响，马克思指出："在自身中变得自由的理论精神成为实践力量，作为意志走出阿门塞斯冥国，面向那存在于理论精神之外的尘世的现实。"❷ 哲学转向现实世界后，面对世界的非哲学性，哲学要"变成转向外部的吞噬一切的火焰"，对现实进行批判："哲学的实践本身是理论的。正是批判根据本质来衡量个别的存在，根据观念来衡量特殊的现实。"❸

从《1844年经济学哲学手稿》开始，马克思对"实践"的讨论进入了一个很不同的境域，因为他转向了对市民社会和政治经济学的批判，尤其是对劳动（Arbeit）展开了比较深入的讨论。马克思形成了抽象劳动、一般劳动的概念。一般劳动其实是一种抽象性的劳动，马克思将抽象性的劳动提高为一种原则。对于马克思来说，工业是完成了的劳动，是一种社会化了的劳动。马克思所谓的劳动尤其是指资本主义工业生产，与黑格尔《法哲学原理》中所讨论的劳动有很大差别。黑格尔的劳动主要是市民社会中满足各种需要的手段，因此是社会中的劳动，它要受到以普遍性为特征的政治国家的限制。而马克思的劳动则是社会化的劳动，以生产性为本质规定，它成为支配包括道德和政治行动在内的生活各个方面的力量。这正是当时资本主义大工业生产的局面。在这个意义上，马克思的社会化劳动完成了劳动与传统实践（包括黑格尔的行动）的颠倒，即作为物质生产的实践成了支配性的，而伦理和政治行动则成了附属性的，这也就是"经济基础决定上层建筑"这一命题的深意所在。

---

❶ Cieszkowski, A., 1981, *Prolegomena zur Historiosophie*, Felix Meiner Verlag, S.129.
❷《马克思恩格斯全集》第1卷，人民出版社1995年版，第75页。
❸《马克思恩格斯全集》第1卷，人民出版社1995年版，第75—76页。

马克思也从资本主义生产中发现了劳动异化问题，他所要做的是克服这种异化劳动，使自主和自由的劳动作为人的本质得到恢复。正是在这一过程中，马克思提出了资产阶级与无产阶级之间的斗争以及无产阶级革命。传统的实践概念中的政治行动在马克思这里主要成了革命运动，它要由生产劳动来决定，这意味着传统实践在本质上的生产化。马克思在《1844年经济学哲学手稿》中对劳动的本质规定和对革命的预示为他在《关于费尔巴哈的提纲》和《德意志意识形态》这两本书中把劳动和革命整合到实践中作了铺垫。这两个文本也被认为标志着马克思实践唯物主义的形成。

魏 博

王兴赛老师从亚里士多德讲到青年黑格尔派，再讲到马克思的《德意志意识形态》，对庞大的理论历史作出了梳理，涉及十多个文本的细节阐释。

关于这里面的根本线索，我认为有两点非常关键。一个是黑格尔之前的实践概念更多倾向于非生产性，或者说人的精神层面、道德层面。最典型的是亚里士多德、康德关于人的道德实践、自律性和自我规定性。另一个是根据里德尔的研究，卢卡奇较早发现了黑格尔在耶拿中后期接触到了国民经济学，将国民经济学中的劳动分工概念吸纳到自己的劳动理论中。他的行动和实践概念中存在一个转折，存在精神性和劳动性相混合的层面。黑格尔后期，包括在《法哲学原理》中的劳动概念则更多的具有经济学意涵。黑格尔的这种理解对青年马克思产生了巨大影响，下面会详细讲述他们之间理解的相似性和差异性。我将从劳动这个概念切入作一个横向的区分，并说明劳动概念在黑格尔那里已经占据相当重要的位置。

我的第一部分的论述主题是"劳动与现代社会形成"。前现代社会和现代社会的组织原则并不相同，个人在两种社会中的定位也完全不同。那么在完全不同的社会组织形式当中，劳动占据着什么样的位置呢？不同的近代思想家给出了各种不同的说法。对于现代社会是怎样形成的这个问题，斯密和黑格尔都非常重视，这一点对于青年马克思来说也非常重要。

第二部分我想讲一下马克思顺着黑格尔的思路去理解现代社会时在思维方式上的突破，这一突破主要表现在他对营利劳动和现代社会中以物为中介的交往关系的理解。在现代社会中，物通过劳动最终取得了支配性地位。正是这样的支配性地位使得现代社会具有二律背反的特征：一方面现代社会必须依赖于劳动，没有劳动现代社会一天也维持不下去，所以劳动者在现代社会中处于非常基础性的地位；另一方面，营利劳动本身的特点又使得劳动者在现代社会当中越劳动越贫穷。在这样的二律背反下，马克思提出，我们的劳动生产具有一种革命解放的特征。这也是第三部分的主要内容。

在劳动与现代社会形成方面，首先要了解一下现代社会和古代共同体之间的区别。在"从共同体到联合体的嬗变"一讲中谈到了现代社会和古代共同体的区别。用我自己的话来说，二者间主要存在两个原则上的区别，一个是同一性原则，一个是差别性原则。显然，古代哲学理解的共同体更强调同一性，也就是个体和整体要保持一致性。这一点很好理解，古代哲学家认为个人的善行和城邦、和共同体是一致的，追求城邦和共同体的至善会使得城邦和共同体变得越来越好。如果个体与这样的行为相背离，与城邦的目的相背离，则会导致共同体的瓦解。比较出名的例子是《安提戈涅》。

黑格尔比较重视《安提戈涅》这一悲剧，强调在古代社会中个人的个性和自由不能和城邦发生对抗，城邦不允许个人有过于突出的个体性。《安提戈涅》主要讲了一位国王有两个儿子，其中一个儿子为城邦抵御外敌而牺牲了，另外一个儿子通敌背叛了城邦，也在作战中死亡。俄狄浦斯下令只能为前一个光荣牺牲的儿子收尸，而第二个儿子作为背叛者要让他曝尸荒野，不允许城邦中的任何成员去给他收尸，谁去收尸就杀了谁。安提戈涅作为后者的妹妹，内心充满了矛盾。一方面按照古希腊的风俗习惯，她作为家庭成员之一应该遵循天意和自然法则的要求为死亡的家庭成员收尸。另一方面，作为城邦的一员，她又应当遵循城邦统治者的命令，不为背叛者收尸，让他曝尸荒野。安提戈涅经过痛苦纠结后还是遵循内心的选择，按照家庭的伦理为自己的哥哥收尸，最终被处死。

从现代人的角度看，这个古希腊故事很显然是一个悲剧，因为个体性在和实体性发生碰撞之后湮灭了。黑格尔称这样的行为是伦理的悲剧。近代的思想家是怎样思考这个问题的呢？与古代思想家以城邦第一性进行思考不同，近代思想家认为应该从个体的差别性或者说特殊性原则出发进行思考，因为每个个体都是有限的，我们首先要考虑的是自己的目的。

1714年，曼德维尔出版了《蜜蜂的寓言》，这本书打破了这个古今之争的胶着场面。在《蜜蜂的寓言》中，曼德维尔提出了一个很重要的命题，叫"私人恶德即公共利益"。无论是赞同他的思想家还是反对他的思想家，都或多或少受到这个命题的影响。

这个命题是在什么样的语境下提出的呢？18世纪初期出现了一个关于奢侈问题的论战。当时的社会正处于古今变迁的状况中，大部分人都认为奢侈是一个品德败坏的现象。很多思想家也认为奢侈实际上是和贪婪、浪费、挥霍等行为直接挂钩的，如果一个共同体或一个社会倡导奢侈，就意味着浪费很多社会资源，使社会进入贫困状态。这是他们反对奢侈的一个很重要的原因。第二个原因是从柏拉图到孟德斯鸠以来的思想家都将奢侈看作是一个比较阴柔和带有女性气质的德性。古代哲学家存在着一些性别歧视，认为男子在城邦中的责任是在战争中捍卫共同体的利益，如果战士们过于看重享受，有可能会陷入靡靡之音中，当生活沉浸在享受中时，保家卫国的能力就会丧失，勇武精神的丧失会给城邦带来灭顶之灾。

从《蜜蜂的寓言》的思考角度出发，奢侈、挥霍等都是人性中很正常的部分，并不会导致古代哲学家所认为的非常严重的后果。在一个健康的社会中，奢侈甚至能带来社会的繁荣，因为它会刺激人的消费欲望，会使人们更注重文化和技艺的改善，对于奢侈物品的追求反而会促进公共利益的发展。

不管认同与否，这个命题实际上都反映了近代社会中个体和整体之间的张力。这种张力激发了很多近代哲学家的思考。他们都在思考个体如何与整体达成统一，或者个体怎样回到共同体当中。对于这个问题，近代主要有两种典型的回答方案，一种是自然法的回答，一种是国民经济学的回答。自然法的回答又可以区分为两种回答方式，一种是以霍布斯为代表的社会契约论的回答。不同的社会契约论理论的细节存在差异，比如洛克、卢梭和霍布斯的理论就不尽相同。但是如果大而化之地说，这些社会契约论都提出了两种状态，第一种状态是自然状态，第二种状态是社会状态，两者都试图描述我们在前法律状态和前国家状态中所处的境况，以及这样的境况中存在什么问题使得我们必须进入一个有规则、有法律、有主权的状态中，这是所有社会契约论都共享的思维方式。

以霍布斯为例进行说明。在霍布斯看来，人的最重要特征是要进行自我保存。如果人不能保卫自己的生命，他就丧失了存在于这个世界上的可能性。所以人首先考虑的不是他人的利益，而是自己在世界上进行自我保存的欲望和动机。在一个没有法律规定的状态下，没有外在法律提供防护，个人的行动根据仅仅是他自己，彼此间缺乏信任，所以每个人与其他人都处于战争状态。

那么，怎样才能使这样一个很恐怖的战争状态变成有序状态呢？那就是我们都能够意识到我们每个人最终没有办法随意处置其他人，在彼此攻防的时候都处于危险的平等状态，所以不如把我们的权利让渡给一个在我们之上的主权者，所有人都结束争斗，任何继续争斗的人都会受到主权者的惩罚。通过这样的社会契约，就建立了理性的秩序。这是霍布斯的思路。霍布斯的设定很显然不是古代共同体的有机状态，每个人是机械地组合在共同体之中，这是一个原子的体系，或者说是一盘散沙装在一个兜里，用黑格尔的话来说他们是一个群。在这个群中，大家虽然进入了社会状态中，但其实彼此还处于相互疏远和冷漠的状态，或者说处于彼此不信任的状态，更多的是从自己的主观角度进行考虑，所以这种社会仍然充斥着恐怖的主观性，个体与共同体并没有达成真正的统一。

另外一个构想也来自近代的自然法。黑格尔在《自然法论文》中对霍布斯和康德、费希特这两种自然法都作出了批评。康德、费希特的构想和霍布斯不一样，他们的构想完全建立在个体的普遍性之上。个体的普遍性在费希特那里是"自我",在康德那里则是"人格"。其实大而化之来看,这二者都是基于人自身的自律规则,或者说基于人可以对外在问题设立法律和规则的能力。以这种方式进行建构,实际上是由一个具有普遍性的个体无限放大为一个整体、共同体。所以从总体上来讲,它还是一个从 A 推出 A 的形式伦理学。从黑格尔的角度来看,这不过是一种虚幻的假象,和事情本身的实际运行情况完全不同。

与近代自然法的理解不同的是,亚当·斯密在国民经济学中的解释。"看不见的手"这个隐喻主要讲的是每个人虽然都从自己的角度出发试图实现自己的目的,但是在结果上却会促进整体的繁荣。当我们这样去理解"看不见的手"的时候,会发现亚当·斯密其实在某种程度上接受了曼德维尔的"私人恶德即公共利益"的想法。虽然亚当·斯密并不赞赏曼德维尔的理论体系,他评价曼德维尔的理论体系为任性的、放荡不羁的体系,因为他过分强调个人私恶。我们在这里主要强调的是个人的活动及彼此之间的相互作用最终能够形成一个超出主观之外的客观结果。这是国民经济学给出的设定,它具有两个特点:一是它的出发点不像康德、费希特那样完全理性,它的设定具有有限性,个性和整体具有不一致性;二是只要结果最终促进了整体利益,目的与手段或者说结果可以相分离。

这样的思路,对耶拿中后期的黑格尔产生了非常大的触动。黑格尔接受了通过劳动分工和交换来说明现代社会运行的底层逻辑的想法,这个逻辑结构在《法哲学原理》中被称为需要的体系。抛开具体文本,仅从大的框架上来说,黑格尔的这个结构可以被称为"物象本身"。

什么是物象本身的逻辑呢?通过观察可以发现,市场上的每一个人都是一个孤立的个体。这样的个体想在社会中存活下来，则必须得满足自己的需要，而满足自己的需要必须得劳动。个体把自身所具有的本质性力量，包括人格、意志、审美等对象化于产品中，成为他的作品。每个人的需求都是无限的，自己制作的产品不能满足自己无限生长的需要，因此他还需要和其他人进行交换。当产品进行交换时，这个产品就成了商品。产品和商品的区别在于产品完全是个体性的东西，而商品带有他者维度，因为只有满足他者需要的产品才有可能被交换。当个体产品满足他者需求时，这样的产品就不再仅仅是个人的作品，而成了一个物象，这样的物象就带有一种主体间的含义。当无数的物象都置于市场中进行交易时，就会形成一个庞大的交换体系。这个庞大的交换体系凌驾于每个人之上，成了一个独立的实体，即物象本身。

当个体的作品通过物象上升为物象本身时，作品就取得了某种社会性。孤零零的个体在进入市场后就会发现，想在市场中存活下来，仅仅生产一个作品是不够的，必须得按照物象本身的逻辑去进行生产。从物象本身再下降到物象，然后再下降到作品，个体会通过这个反思过程意识到自身并不是一个孤立个体，而是一个社会性的个体，自身的所有行为、劳动和产品都必须符合物象本身的要求。在黑格尔对现代社会形成的回答中，能够发现他的出发点是以劳动为核心，但劳动最终却被物象本身所阻塞，形成了一个颠倒逻辑。这个颠倒逻辑实际上对马克思产生了重要影响。

马克思终其一生都在探讨这个话题。比如在《巴黎手稿》中，马克思探讨了劳动异化和交往异化的过程，在《政治经济学批判大纲》里探讨了物象化问题，在《资本论》第一卷中通过价值形式分析的方式探讨了物象化和拜物教。马克思终其一生都在思考分析个体的生产劳动为何最终会成为被统治的东西。

我将通过三个部分来分析这个过程。首先需要理解前现代社会中劳动的本质。从本来意义上来说，劳动是为了满足自己的需要而进行的活动。比如说肚子饿了想吃苹果，就要进行种植、施肥、采摘、品尝的过程。现代人当然不需要这样，但在古代社会，为了满足自己的需要，人们必须完成每一个环节。个体所进行的这种劳动行为的目的是生产使用价值。苹果对个体来说无非是为了获得营养或者为了饱腹等需要，主要是具有某种效用、某种使用价值。这种本来意义上的劳动主要出现在资本主义生产之前的社会。在这样的劳动过程中，能观察到两个方面：一方面是劳动者，即劳动主体；另一方面是劳动产品，即劳动对象或者说劳动所面向的物。这样的人物关系或主客关系主要讲的是人和物的人格性关系。

什么是人格性关系？人格这个词在拉丁语中包含面具、角色的意涵，指的是在舞台上的每个人都戴上面具去饰演某个角色，而面具之下蕴藏着个体丰富的个人特征。所以说主客关系实际上是主体把自身丰富的个体性赋予了客体。一个客体具有的无非是一些自然性质。当雕刻木头、生产桌子时，不仅仅是把体力和精力赋予它，把脑袋里对桌子这个东西的形象赋予它，还赋予了它审美，是喜欢方的桌子、圆的桌子还是四个角或者三个角的桌子，这些都是丰富的个体性的具体化，它在现实中变成了真实存在的东西。

这个过程说明了主体的绝对独立性。主体不依赖于任何东西而存在，而客体依赖于主体存在，具有依附性。在前现代社会中，人和人的关系是一种人格对人格的关系。人格和人格之间不存在其他中介，每个人都是肉身相见。比如一段感情关系中的当事人双方无需中介，凭借的是对彼此人格本身的倾慕相结合。

一般来说，在前现代社会中，人格和人格的关系或者说人与人的交往是一种本质上的交往。因为我们每个人都是具有差异性的个体，需要相互依赖，所以通过这样的交往行为，能够获得类生活、类享受。现代社会很显然不是这样的状况，劳动成了营利劳动，以交换关系为前提。这种营利劳动有什么特征呢？首先它是一种异化，就是异化劳动。异化劳动强调以下几点：首先，劳动主体的劳动不属于劳动主体，主体的劳动是被迫进行的，而非来自自愿的意志。其次，劳动成果也不属于劳动主体，主体的劳动成果被他人取走或买走。再次，还有人和人相异化，和类本质相异化。

在这里马克思强调了营利劳动的两个特征，第一个特征是"产品是作为价值，作为交换价值，作为等价物来生产的，不再是为了它同生产者直接的个人关系而生产的"❶。这句话说的是本来的劳动是为了生产使用价值而进行的活动，但在现代社会中，劳动变成了营利劳动，而这种营利劳动的生产目的是交换价值，为了获得别人的产品、货币、资本等，而不再是为了满足自己的需要，它的生产过程也不再按照自己的需要进行。

第二个特征是"营利劳动以及劳动者的产品同劳动者的需要、同他的劳动规定没有任何直接关系"❷。即个人生产出的产品并不能满足自身的需要。比如说生产一双皮鞋，它能不能满足吃饱喝足这样的需要并不重要，因为只要它能交换成包子、米或者货币等其他商品就可以。劳动者并不关心这个鞋的质量或者它是不是喜欢的类型，只要能够在市场上进行交换，只要别人喜欢就好。它

---

❶《马克思恩格斯全集》第 42 卷，人民出版社 1979 年版，第 28 页。
❷ 马克思：《1844 年经济学哲学手稿》（单行本），人民出版社 2000 年版，第 174 页。

同劳动的个性已经丧失了直接联系。营利劳动的第二个特征就是交换价值与劳动主体的需要没有直接关系。在这样的情况下，前现代社会中人与物的人格性关系开始解体。首先，个人的特殊性不再进入到生产过程中。就像上文提到的，劳动过程中不再考虑个人的意志、享受、欲望、需要、偏好等，首先考虑的是别人。其次，在以交换价值为目的的劳动中，产品必须表现为货币，而货币又是无个性、无特征的一般物。个人生产出来的产品只要能换成钱就好，而钱无法被打上个人标记，要证明它属于你，只能在法律上宣称而无法在物的自然特性上看出它是否具有你的人格特质。在这种人与物的占有关系当中完全看不出个体的个性。

当人与物的人格性关系解体后，人格和人格的关系也就解体了。在前现代社会中，人格和人格之间本来是一种无中介的关系，是一种亲密关系，或者说是一种熟人间的关系，而现在人格与人格之间由熟人变成了陌生人。首先，他们作为主体化的交换价值，即作为活的等价物，作为价值相等的人互相对立。每个陌生人作为彼此交换价值的拥有者，或者说作为产品或商品的拥有者而相互对立。每个人必须通过中介进行交换，当一个人没有产品、没有货币、没有商品时，就不进入到对他人的关系中。其次，人与人之间彼此陌生，毫不相干。在前现代社会中，熟人之间的关系毫无疑问是通过血缘、亲情、友情等这样一些人格上的直接关系来建立的。现在每个人都变成陌生人，在陌生人和陌生人的交往中，不会在乎对方是张三还是李四，不在乎对方的高矮胖瘦，而只在乎对方是否拥有所需要的东西。在这个意义上来说，每个人都只是形式性的东西，而不是活生生的有血有肉的人。再次，以交换价值为基础的交换关系必然排斥人与人之间的人格性关系。这点也很好理解，当现代社会中所有人都具有充分的交换意识后，很有可能在亲密关系中也保持着这种思维方式。比如说在家庭环节中，父母想让孩子做家务时，孩子可能会说，"不行，你得给钱，因为这超出了我的义务之外。"当所有的环节都以交换为前提，或者以货币为中介，物象就统治了我们的生活世界，在我们的经济生活、伦理生活、道德生活中都占据了规范性、统治性地位。货币和资本将自己的统治扩展至人类世界。

客观方面是通过物象化来达成的。所谓的物象化实际上指的是人格和人格之间的社会联系被物象和物象之间的社会关系所掩盖，人格的能力转化成物象的、自然的能力。整个过程主要通过商品生产和商品交换进行，同时资本主义的工业劳动也加速了整个过程的积累和深化。不仅在实际的社会机制中存在着这样的物象化过程，人的意识中也存在这样一个过程。在我们没有意识到时，我们作为人的能力已经变成了物的能力。我们会发现钱能够生钱，一个人工作12个小时只能挣几十块钱，但钱躺在银行里不用劳动，每天挣得反而更多。

当产生这样的想法时，会发现人是有限的个体，而钱或者说货币却具有无限性，高于人之上，像是神一样的存在，人类在精神上也甘愿拜跪在商品和货币之下，将商品和货币这样的物象放置在神坛之上。当我们从属于这类物的时候，也就意味着它在我们的意识中占据了统治地位，成为像神一样的膜拜对象。我们需要通过劳动生产的方式去破除物的统治。

在资本主义现代社会中，每个人都必须凭借财产和一定的消费资料才能够生存下去，但是劳动者却一无所有。劳动者虽然进行劳动，却没有办法享有生产体系所带来的积极成果。正是由于劳动者所处的基础性地位，劳动者必须认识到消灭私有制的重要性。比如卢卡奇曾指出，正是因为劳动者这样的生存地位，他在资本主义体系中被磨灭一切之后，才意识到自己是这个生产体系的核心，是摧毁这个生产体系的力量，这时他才会觉醒革命实践意识，具有与这个体系进行对抗的革命实践意识。除了意识以外，劳动者还要创造发挥革命实践能动性的条件。这样的条件分为三个方面：首先，是推动历史变革的物质条件。劳动者要促进生产力的普遍发展和交往的普遍化。因为只有当生产力不断发展，分工才会不断发展，只有当交往范围扩大至全球，每个人才都能处于交往之中，生产者才能在全球范围内、在各行各业中具有联合的可能性。其次，在生产力、分工和交往无限发展的过程中，劳动者将占据生产体系的关键性位置，因为资本主义生产体系能够运转的关键点就在于劳动者。如果劳动者能够占领每一个角落的劳动，那么剥离了劳动，这个体系就将无法运转。上述两个条件都具备的时候，劳动者要联合起来，在政治上推翻私有制，这是第三个条件。

　　总的来说，这就是马克思的想法：劳动生产会具有革命实践的维度，主要就在于劳动之于现代社会的关键性地位。劳动一方面是现代社会赖以运行的核心和基础，另一方面使得劳动主体不断的革命化。劳动主体的反抗意识和核心地位必然使得劳动生产具有改造现代社会的作用：一方面是推动生产力的发展，另一方面是改变旧的制度。

（文稿整理人：程瑶）

后记

马克思在《关于费尔巴哈的提纲》中指出："人的思维是否具有客观的真理性，这不是一个理论的问题，而是一个实践的问题。人应该在实践中证明自己思维的真理性，即自己思维的现实性和力量，自己思维的此岸性。"人的思维的真理性规定本质上是一个实践的问题，并在实践中证明其内在的现实力量，即"思维的此岸性"。这是我们将当代哲学热点问题系列学术对话课程名之为"思维的此岸"的最初依据。2022年春季学期，中国人民大学吴玉章课程思政名师工作室"当代哲学热点问题"教学团队合力讲授十一个学术热点问题，加强哲学对话与课堂互动，激发同学们的想象力，正是探究哲学思维的此岸性的一次教学探索。

这十一个学术热点问题分别是："马克思'不认为资本主义不正义吗'？""什么是在当代社会打开古典学的正确方式？""中国政治哲学的美育维度""'身体'如何成为一个历史范畴？""人为什么有'恶'？""互联网时代的工作与生活之反思""正义与优绩的是非之争""企业伦理与企业社会责任""家国关系的近代转型""从共同体到联合体的嬗变""实践哲学中的劳动与实践"。其中既有学界多年关注的热点问题，亦不乏对社会热点问题的哲学反思。每节课由主讲人引出问题并阐释其由来和发展路径，并同与谈人在讨论中深化对问题本身的理解，这样的讨论大致分别从两个哲学二级学科角度着眼，在对话中呈现问题的不同维度，启发学生们思考哲学问题的实质，每节课几乎都座无虚席，这些讨论和对话的课堂情景是令人难忘的。

与我们开设的"'哲学+'的视界"这门跨学科课程不同，"思维的此岸——当代哲学热点问题"系列对话课并非哲学与社会科学或其他人文学科的对话，而是哲学二级学科之间的对话。这样的对话同样是必要的，以问题为导向从事学术研究，必然要求实现研究中的学科交叉，因而必然要求打破学科壁垒，这种壁垒不仅存在于各门学科之间，而且在一门学科内部同样存在。学界曾强调马克思主义哲学、中国哲学、外国哲学等学科的对话，就是打破学科壁垒，解决共同的学术问题的必要尝试。这种破壁之举强化了我们的问题意识，不是满足某种体系化学术研究的需要，而是为了以学术的方式解决我们时代的现实问题。

今天，回答中国之问、世界之问、人民之问、时代之问，需要我们深化哲学基础理论研究和跨学科研究。将研究成果转化为哲学教学资源，促进哲学教学改革，我们探索一种名为"强基博识问题导向"的育人模式，既不断夯实哲学基础理论研究，又推动哲学与其他学科融合，旨在学科交融的语境中彰显哲学的实体性内容，对问题做出内在思考和解答。这些思考和解答往往是意犹未尽的，可以引发师生进一步思考，有些问题的提出本身就是一种重要的哲学探索。教学相长，课堂互动促进了教学内容的传播，激活了教学的主体间性，课后很多讨论是颇为深入的，有些碰撞的火花和研究思路的形成必然促进对问题的进一步研究。

哲学是思想之事，而思想生于对话，死于独白。系列对话课调动不同学科的资源，使教师对问题的讲授走向哲学的深处，面向时代问题做出富有实践特质的回答。"思维的此岸"表明哲学要解决现实问题，以实践的思维方式面向问题本身，不是与现实无涉的理论规定，而是一种知行合一、明体达用的探索。任何对哲学做"无用之大用"的解读或"屠龙之术"的理解都与问题的解决毫无关系，也与当代哲学家对哲学的本质规定相去甚远。今天，哲学"改变世界"的自觉越来越明确，而很多复杂深刻的现实问题确乎需要从哲学角度做出根本解答，这种解答需要深邃的思考，也需要多学科融合而实现一种协同创新之思。

不断推进马克思主义哲学中国化时代化，必然要不断推动马克思主义哲学同中国具体实际和中华优秀传统文化相结合，不断推动中华优秀传统文化创造性转化和创新性发展，不断彰显"思维的此岸性"，这是我们通过讲授这些哲学热点问题实现课程思政的前提。我们努力在课堂教学中通过知识教育、思维能力培养而实现价值观教育，使学生们理解哲学研究之于正心修身的重要性，由此养成健康的人格，具有较为深厚的理论学养，增强社会责任感和使命感。在面向现实问题的哲学思考中形成一种"实践—认识—再实践"的理路，形成回答时代问题和改变现实境遇的自觉，确认自我实现和奉献社会的实践辩证法。

摆在读者朋友面前的这本课堂对话录，不仅凝结着各位授课教师在学术对话中的思路和方法，而且展现了各位整理书稿的同学们记录和温习的过程。在本书即将付梓之际，感谢中国人民大学吴玉章课程思政名师工作室各位评审专家对我们的信任，感谢各位教师的辛勤付出以及整理讲稿的各位同学们所作的努力。我的同事王立教授和陈广思博士协助我做了大量统稿工作，在此一并致谢。这本对话录镌刻了2022年春季学期中国人民大学哲学院

"思维的此岸——当代哲学热点问题"课堂上很多精彩的瞬间，它是探索性的，其中可能有些值得商榷之处，敬请各位朋友批评指正。我们希望这本书定格一些温暖的记忆，同时给未能现场听课且对当代哲学热点问题感兴趣的朋友们提供有益的参考。

臧峰宇
2022 年仲秋
于中国人民大学人文楼